U0041131

白嘉莉 回眸

白嘉莉 著

一隻小麻雀，躺在路中間，雙腿朝天。

過路人問：「你在做什麼？」

小麻雀說：「天要塌了，我想用我的兩隻腳頂住！」

路人嘲笑小麻雀：「你那兩條腿，這麼細、這麼脆弱，哪頂得住？」

小麻雀等他笑完說：「如果你也躺下來，跟我一樣，用腳頂著，天就不會塌下來了。」

一個人能做的有限，但只要我們一起努力，即使天塌下來，也不用害怕，麻雀的精神，感動了我。

——一九九五年回國參加僑委會頒發「華光一等獎章」典禮上，我說了這個故事。

一九九五年應邀回國，接受時任僑委會委員長蔣孝嚴先生頒發「華光一等獎章」，致詞時我講了小麻雀精神的故事。

japonica

01

回眸

一九九〇年馬來西亞丁加奴州蘇丹王頒贈象徵皇室最高榮譽的 DATO’ Seri「高級拿督斯里勳章」給黃雙安，這是蘇丹王首次頒贈給外國人的拿督斯里爵士封號。

在雙安走了半年後，我終於鼓起勇氣回到我們在印尼一起打造的家園和山上別墅，四月天走在和煦春陽下，看著他要園丁為我栽種的各色美麗花卉，一整排豔紫的巴西野牡丹正在春風中怒放盛開、鮮紅的炮竹花一簇簇、白色的柚子花飄出陣陣清香，尤其是那株高逾十公尺的火焰木，樹冠開出了一朵朵橙色的花朵，豔麗的熱帶風姿隨風搖曳。

記得六年前雙安特地買回來三棵二尺高的小樹，興奮地和我說：「記得嗎，上次在萬隆打球的時候你稱讚那裡花很美，現在我們自己花園也有了。」

園丁Mumu說這棵樹種了六年，只見樹由兩公尺持續往上竄高，但始終沒有花訊，每年先生來山上都會指著這棵樹問他：「花怎麼還沒開？」今年二月裡，花終於開了，但和我常一起牽手在花園中漫步賞花的他，卻已經看不到這期待已久的花顏了，園丁和我都忍不住紅了眼眶。

走到他一手建立的有機菜圃，我們只要住在這裡，每餐都會吃到這菜圃種的新鮮蔬菜，包括茄子、芥蘭菜、A菜、絲瓜、南瓜……等。

管理菜圃的Darno對我說：「你看茄子長得多好，先生要是看到不知有多高興。」他因思念而流下了眼淚。在我們家男女員工都是工作超過三十年以上的，他們的子女也都在雙安的資助下就學、有了好的出路，雙安的寬厚待人，是最讓我佩服的人格特質。

花開花落都有時，四月天滿園春色盎然、生機勃勃，也讓我的思念隨著飛入室內的蝴蝶翩翩飛舞。

這裡擁有我們太多的回憶，不論走到什麼角落，都銘刻著他的影子。我回憶四十一年前我初來乍到這人生地不熟、語言不通的異鄉，我揮別五光十色熟悉的舞臺，初為人婦，迎來人生的新篇章，學著怎麼當一位成功企業家的賢內助，學著適應個性截然不同、生活領域也全然不同的丈夫，好在「學習」一直是我克服一切困境的法寶。

多年來，他總是常說，希望我故鄉的朋友能淡忘我，至今一直沒有如願，而我也一直難以忘情從小長大的故鄉。

自從我急流勇退遠嫁印尼，各式各樣有關我婚姻的謠言卻始終在臺灣的報端不時出現，有幾次報紙刊出才結婚一年的我驚傳婚變的謠言，我幾次想闢謠澄清都被他阻止：「你不要聽、不要看，過自己的日子不是很好嗎？」一九九五年十月，適巧僑委會邀請我返臺參加國慶活動，我好不容易說服他陪同我返臺，哪知我才一出關就立刻被鎂光燈包圍，我舉目四望，卻發現他不知何時早已不見蹤影。

我被安排住在君悅酒店（Grand Hyatt Hotel）二十四樓的總統套房，那個下午他杳無音訊，直到晚上接到他的電話，他說印尼駐臺使館的人為他訂了二十三樓的房間，大使正在陪他。

我瞭解低調從商且建立龐大企業王國的他，始終不願意做為名人的丈夫，他常說：「早知你這麼有名，我都不敢娶你了！」他常說：「等臺灣朋友淡忘你，我們到臺灣才能自在，至少能去餐廳進餐，不要只能在飯店裡叫 Room Service。」

當年在演藝圈的名氣，為我帶來名利，但也使我失去了一般常人的生活，失去了一般人可以擁有的快樂，即使離開演藝世界多年，仍有很多令我瞠目結舌的荒唐傳說在一代代傳遞著，也許這本書可以告訴你真相是什麼。

庭院內高逾十公尺的火焰木，種了六年但始終沒有花訊，今年二月裡，花終於開了，但和我常一起牽手在花園中漫步賞花的他，卻已經看不到這期待已久的花顏了。

02 童年往事

整理母親的遺物時，看到這張小小的黑白兩寸照片，天真無邪的小嬰兒，趴在大床上，露出燦爛的笑容就是我，照片背面用藍色鋼筆寫著「Betty 一九四八年，南京」。

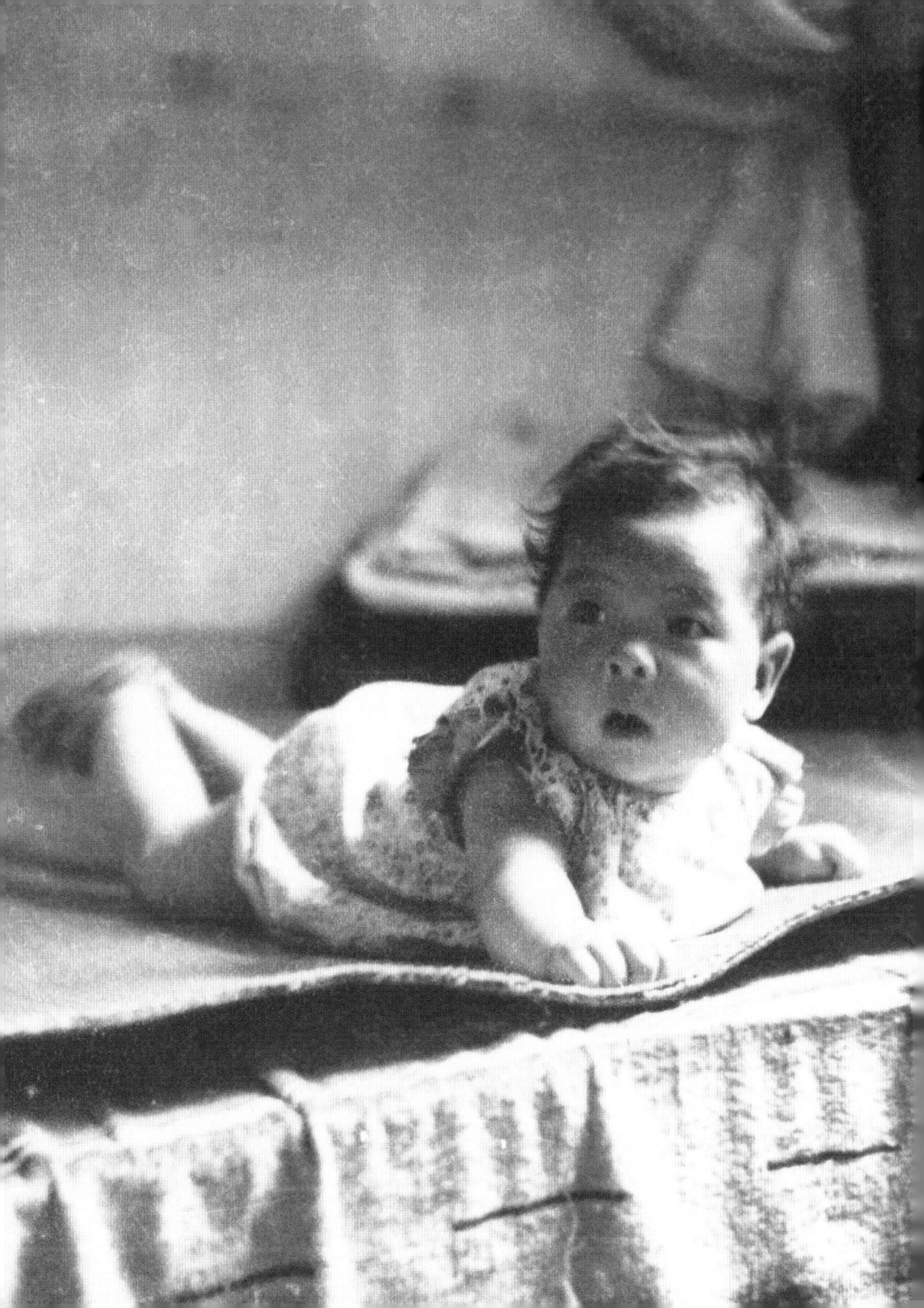

朋友們都知道，我和媽媽母女情深。做了她八年的獨生女，她是我的慈母、我的良師、我的益友、我心靈的支柱、我脆弱時的依靠。

我的個性有點猶豫不決，處事經常會徘徊和後悔，朋友們常笑我，比如我明明想吃牛肉麵，到了麵館，看別人點肉絲麵，便改變主意，等肉絲麵上桌，又後悔沒叫牛肉麵。為此媽媽總會溫柔地安慰指點我，做事前先三思，一旦決定了就不要後悔。

小時候，媽媽拿根細樹枝在沙土地上教我九九乘法表，上學後我每次考試都滿分；長大以後，登上舞臺，成為了閃爍的明星，媽媽永遠都是安靜地坐在臺下，指點我怎麼出場、怎麼走臺步才更吸引目光；結婚後，她引導我如何與忙碌粗獷的丈夫相處，扮演好實業家夫人的角色，同時也活出自己的豐富人生。

一九九七年，母親得了巴金森氏症，一生愛漂亮的她，不想讓朋友知道她生病了，和繼父（我稱他比爾叔叔）賣掉了他們在墨爾本的房子，搬到了黃金海岸。墨爾本的房子是比爾叔叔的老家，那幢大房子裡面的一草一木、乃至游泳池，都有他親手耕耘的情感，但為了母親，他們搬到黃金海岸二十二樓的公寓裡。

公寓的陽臺可以看到海，客廳裡有兩張按摩躺椅，那是他倆手牽手共度晚年時光的溫床。比爾叔叔為了排解母親行走無力以及缺乏朋友的寂寞，特地開車到中國人開的錄影帶店，列下媽媽想看的連續劇目錄，再請店家從雪梨訂貨送到布里斯本。比爾叔叔也經常驅車，到一家臺灣來的三姊妹所經營的超級市場，為媽媽一箱一箱地採買臺灣零食、水果、醬油等。

那十年，我常放下印尼的事情，飛到澳洲陪媽媽，那張按摩椅，就成了我們母女手拉手共同述說往事，一同觀看錄影帶的天倫之樂椅。

一張照片

二〇〇七年十二月十一日的雨夜，於一聲輕歎中母親安祥過世，我的心碎了。在整理她的遺物時，在她保存得如同至寶的一盒照片中，發現了一張小小的黑白兩寸照片；一個天真無邪的小嬰兒，趴在大床上，露出燦爛的笑容。

翻開背面，藍色鋼筆的字跡，已有少許褪色，但仍清晰可辨：「Betty——一九四八年，南京。」心碎中我發現這原來就是我！

這張照片，經歷戰火，隨著父母飄洋過海來到臺灣，媽媽一直細心保留著，這照片是她為自己保留的最美麗回憶，寶貴記憶。

據媽媽說，我本該生在新疆烏魯木齊，但因為身為空軍飛官的父親調防到甘肅，為此即將臨盆的母親，也跟著搭軍機顛簸到甘肅蘭州，結果才下飛機，我就迫不及待呱呱墜地！還差點掉進茅坑裡呢！

我也要上臺

從小我就有表演欲，也會表演。聽爸爸說，空軍飛官很時髦，眷村裡常有舞會和各種晚會，每次舞臺上的表演者謝幕鞠躬，我也要衝上去跟人一起鞠躬，感受掌聲的悸動，拉都拉不住。

媽媽平劇唱得很好，是票友。我常跟著媽媽去票友家吊嗓子，一齣戲往往一下子就「聽」會了，也有模有樣地跟著唱。每次聽累、唱累、睡著了，都是爸爸抱在懷裡回家的。

會說陝西話的媽媽，後來學唱秦腔，大老書法家于右任先生是陝西人，特別愛聽秦腔，因戲結緣，送了我們不少他那蒼勁有力、龍飛鳳舞的草書。我那時候雖然年幼還不識字，聽著、聽著也能唱出秦腔的二進宮。

有一次長輩們要登臺票戲，我吵著非要「軋上一角」，拗不過我的吵鬧，他們塞給我一個丫鬟角色。化妝時，飾演丫鬟的我最先扮裝，國劇角色化妝吊眉毛可不容易，等上好妝，換大人們一個一個接著化，足足三個小時之久，我早等得頭痛疲憊睡著了，偏偏此時輪我上場，大人怎麼推我都推不醒，好不容易睜開眼，上了臺，鑼鼓點一響，我卻是什麼詞都想不起來。媽媽在後臺，聽前臺一片笑聲，趕快往臺上探頭，見我那傻像，大聲提了一句詞給我，我才完成那不可能的任務。

此外，還聽媽媽說，我特別愛對著鏡子擺各種姿式，一段時間找不到我，只要到房裡去，一定會看見我對著鏡子擺各種模樣。我也常掛上媽媽的鍊子、墜子，塗口紅、抹胭脂，乖巧的我，從不會弄壞媽媽任何一樣東西，用完了一定小心翼翼地歸位。

從小我就是個小大人，不怕生，也愛跟在大人身邊發表高論。因為吃東西挑食，不吃青菜，特別是蔥，只要一點點蔥花在麵裡，就一粒一粒挑出來，媽媽總騙我說：「要吃蔥呀，吃蔥會長高。」愛漂亮的我，當然硬著頭皮吃了。後來上了幼稚園，我也常現學現賣，學媽媽的口吻說話：「媽媽說吃蔥會長高，吃豆腐皮膚會白，吃胡蘿蔔眼睛會亮。」穿著空軍介壽幼稚園黑背帶小短裙的我，又在對著老師發表高論了。

小大人模樣的我，總能吸引其他班級的老師也過來看看我在說些什麼。一下課，當其他孩子們早一溜煙跑去玩沙坑、跳房子，我卻被叫到老師辦公室高談闊論，惹得老師們笑成一團！這就是我，從小喜歡演講、從小喜歡上臺、從小喜歡掌聲、從小注重儀態。

在家做獨生女做了八年，擁有父母全部的疼愛，玩具總是比別人多，鄰居孩子總愛來玩，但玩玩具可以，卻不能坐我的床。其實說是床，也只不過是簡單的客廳一角，那時我們住在臺中水湳大石里的眷村裡，一家僅只一間房。

我們家的門牌是大石里四巷十號，兩戶人家住在一個大門裡。一進去是兩間廚房，廁所共用，住過民國四十年代日式房子的人都知道，那時的廁所是什麼模樣，現今只見過抽水馬桶的人，恐怕難以想像下面一個洞、上面僅用一個蓋子蓋住的茅坑的樣子，而且茅坑的大糞滿了，還得由人掏了，裝進桶子裡，用雙肩擔挑走，這樣的景象現在的人恐怕更是聞所未聞吧！

共住的兩家人各自擁有一房，中間只隔一層木板，隔壁人家說什麼話聽得一清二楚，現代人所謂的隱私，在那時候是天方夜譚，沒有把三夾板打個洞偷窺就不錯了。

我們家的巷口有家包子店，甜軟的麵皮、混著蔥味的肉餡，至今令我思來齒頰留香。如今的我，早從當年的空小學生「白沙」，改名「白嘉莉」，東南亞一帶的人，更因為我的先生黃雙安獲得馬來西亞蘇丹王冊封為「拿督斯里」而稱我「拿汀」，雖然走過千山萬水、嘗遍海味山珍，但那家小店包子剛出爐的香氣、上學途中手上握著兩個包子的幸福感，至今仍在心頭未曾磨滅。

這種兒時味覺的記憶，是一生難以淡忘的。有人曾問嘗遍珍肴的雙安，哪一道菜最美味，他說：「肚子餓的時候，吃的東西最好吃。」有一年，他在原始森林中伐木，預計兩周出林，但多耽擱了好幾周，帶去的糧食吃光了，只好四處尋找無毒的樹葉搗碎來充飢。出林後，吃到的第一口白米飯，他說：「好香啊！」

上｜時髦美麗的媽媽會帶我去游泳池戲水，在那個時代是比較少見的娛樂活動。

下｜媽媽平劇唱得很好，也會唱秦腔，這張是媽媽票戲、粉墨登場的照片。

03

兒時記趣

我的妹妹與弟弟。

媽媽有一位好朋友名叫向劉賢英，膝下無兒女，也住在眷村。媽媽跟爸爸離婚後，有很長一段時間弟弟、妹妹便住在她家，認她做了乾媽，我們喊她「向乾媽」。她家住在中清路浸信教會旁邊，算是在大馬路上，媽媽常找她聊天，我最愛大熱天裡，她們一邊聊天，一邊讓我拿個小鋼杯去買冰棒。

有一次買冰的路上，烈日當空，手中彩色油紙包裹的甜冰棒，散發涼氣，誘惑我忍不住伸出小舌頭去舔，等到家，冰棒只剩下細細一根冰棍，後來，她們寧可自己騎腳踏車頂著烈日去買，也不要我舔剩的小冰棍。

村裡高家小鋪裝在玻璃罐裡的冬瓜糖、酸梅也是令我流口水的地方。我一直愛吃零食，有一年國慶期間回國，出訪時不小心打翻了皮包，裡面的零食、灑了一地，旁邊的人驚叫連連，妳怎麼這麼能吃零食，而且還吃不胖！

高家小鋪實際是個雜貨店，泥土地、矮屋樑，牆上掛了一塊黑板，黑板上密密麻麻寫滿了誰家欠了多少錢。賒賬在那時是風氣，沒發薪餉前在巷口小店買東西，都是先取貨後給錢。現在想來，那時民風真純樸，完全靠信任做交易。不過媽媽不喜歡爸爸賒賬，他們常為了這件事吵架。

媽媽很愛面子，小時候看電影，影片裡的乞丐拿了一塊破被單，天真的我立刻喊：「我也有這個！我也有！」媽媽立刻叫我不要出聲，讓人聽見多不好意思。

村子演電影，是我盼望的事。電影還沒開演，大人孩子早搬來竹板凳，等在廣場的白布幔前了。我還記得林黛跟嚴俊演的「翠翠」，裡面的主題歌好好聽，曾經，我和雙安手挽著手，在別墅庭園裡於飯後散步，我還會情不自禁地唱起這首學齡前流行的歌：「熱烘烘的太陽往上爬呀！往上爬！爬上了白塔，照進我們的家……」雙安聽久了，也會跟著哼幾句。

世事多麼難料，當年坐在小板凳上，好奇地盯著那黑白片中大眼林黛的我，又怎麼會想到有朝一日，我也踏進了演藝圈。

菲比、亞倫與華美補習班

媽媽非常漂亮，也愛漂亮，記憶中的她，有著各式漂亮的繡花旗袍，穿著旗袍坐三輪車去朋友家票戲，總是眾人眼中的焦點。媽媽也很喜歡打扮我，她總說，女孩子要穿粉紅色才像女孩子，如今我偏好粉紫色系的衣服，可能跟這有關係。

爸爸是位優秀的空軍軍官，曾被送至美國受訓一年。回來後，除了幾包美軍乾糧餅乾，箱子裡帶的全是給媽媽的化裝品和衣服，我依稀記得，媽媽還怪爸爸怎麼沒給孩子買點東西回來，我卻不介意。

八歲那年，媽媽禁不住我一再要求「想要個妹妹」，終於生了一個妹妹給我。媽媽那時候教牧師中文，同時也跟牧師學習英文，牧師給妹妹取了聖經裡一位婦女的名字「菲比」。

如今長住澳洲育有四名子女的妹妹，不久前來印尼峇里島跟我共度生日，重溫兒時趣事，說媽媽常提起，以前我每次總爭著要抱她，媽媽嫌出門帶著嬰兒麻煩，但我一直哭求：「妹妹不去我也不去！」或是「我來抱妹妹嘛，妳讓妹妹去好不好？」

妹妹從小古靈精怪，與比她小一歲的弟弟相較，更是花樣百出。她愛看電影，路還走不太穩，披著我的大衣，就去考童星，我成了她的軍師，教她怎麼走路，怎麼擺姿式。我們長大以後，都喜愛舞臺，也適合舞臺，我成了電視節目主持人，妹妹世新五專念了兩年，就因母親再嫁要移民澳洲而搬離開臺灣。身高將近一七〇公分，纖細的她，五官像外國人，後來當了模特兒，往後的日子，自然也不必我這個做姊姊的再教她怎麼走路、怎麼擺模樣了。

妹妹因為愛看電影，常帶著小她一歲的弟弟，混在大人後頭，佯裝是人家的孩子，鑽進電影院去看白戲，那家戲院，我還記得叫「東海戲院」。

她也常帶著弟弟坐霸王車。那時候我們都坐空軍交通車出入，碰到駕駛兵不讓他們兩個小鬼頭上車，妹妹就會說：「我唱歌給你們聽。」然後她就開始唱歌、講故事，弟弟則在旁傻傻地跟著。

說起弟弟，他倒是從小就有過目不忘的本事，妹妹的書他只看過一次，還沒念小學的他竟識得好多字，「這是老師早的早，大小的大……」弟弟也有造詞的本事，每次穿了新鞋，愛漂亮的他，就喜歡繞著門口的大樹轉圈子，人家問他：「亞倫你轉什麼？」他信口就說：「我賺錢。」還懂得利用諧音造詞呢！

這個小時候愛穿夾克，腰間配掛兩把玩具槍，衣服口袋裡總是裝滿釘子，看到木頭門框、門檻就喜歡釘釘子的弟弟，服完兵役遠走澳洲，與母親妹妹團聚後，才僅僅一年，英文從一竅不通到琅琅上口，墨爾本皇家理工學院畢業成績更是全校歷來之冠。

中學生時代的我，在爸爸媽媽開的「華美中英文打字補習班」前，留下青春稚嫩的身影。

04

擁擠的小房子

照片提供 Julia

弟妹出生後，家裡愈顯擁擠，爸爸在廚房邊搭出一間房間做為廚房，原來的廚房，則成了我的「閨房」。對當時住在眷村的人來說，能有專屬房間簡直是奢侈，爸爸冒著違建隨時可能被拆的危險，親手和水泥、舖屋瓦、砌磚牆為我建房，這分心意，直到我擁有一公頃寬闊的山中別墅後方能體會。

妹妹說，她還記得牆壁不必刷油漆，因為貼滿了我的演講比賽冠軍獎狀。說起來，這要感謝一位陳老師，他雖然是本省人，可是教起注音符號ㄅㄆㄇㄈ……卻毫不含糊，他要求我們字字準確，該捲舌就捲舌、該用氣音就用氣音，一字一字清楚地說、不可以黏糊一起。陳老師也鼓勵我們看國語日報，甚至將文章讀出聲來，不僅練習了作文、也練習了說話。

父母當時在平等街上開了一間「華美打字補習班」，除了教人中英文打字，還接許多公家生意，每天工作忙不完，我們放學以後就到打字補習班去，在後面作功課，有時候接的打印工作多，我也跟著幫忙用手推墨，弄得一身髒。

晚上十點以後才拉上門歇業是常有的事，回家路上，爸爸騎機車，後面載著媽媽，前面擠著弟弟和妹妹，我則騎著腳踏車，跟在後面。從臺中市到水湳有很長一段路要走，出了臺中市區，路邊就是稻田，還有一段墳墓區，路上一個人都沒有，只有前面愈走愈遠的爸爸的機車，和我車前的一盞小燈。現在想來，真是上帝保佑，沒遇到壞人，不過在當時，自己好像也不知道什麼是害怕。

有一次聽妹妹談起往事，她說小時候最難忘的時光是颱風天，不必上學，忙碌的父母也不必上班，大家坐在屋子裡聊天吃東西，看大水漫過巷子，門前成了水鄉澤國，那種一家團聚的景象，至今還印象深刻。

爸爸很聰明，什麼機器都會修，打字機、油印機、收音機，所有東西壞了都是他修理，他還會造飛機。與母親離婚後，爸爸住在忠貞新村，院子裡還有他從美國買回來的零件、自己拼裝成的滑翔機以及一部汽車。

爸爸是北方人，長得高大英挺；母親是江蘇人，讀西安女中時認識爸爸，兩人結了婚，外人看來，真是郎才女貌、一對璧人。但不知為什麼，我念初中後，他們開始水火不容，見面就是大吵，媽媽於是負氣離家，心急的爸爸，到朋友家四處尋找，吵得朋友也不堪其擾。

現在想想，或許是忙碌的生活、缺乏獨處的溝通，讓兩個好人變成了難以相處的怨偶。母親離家後，身為老大又特別向著媽媽的我，成了代罪羔羊。爸爸老是對我出氣，常常罵我，心情不好的他，甚至口出惡言，於是我也離家跑去找媽媽，與媽媽同住。但無論我在哪裡，爸爸總能找到我，回家以後，更是少不了一頓罵，加上轉學的關係，自此我的功課一落千丈，甚至無心讀書。

中學生活

不過，中學生活還是有蠻多有趣的回憶。除了演講比賽照樣拿第一，我也對英文產生了莫大興趣。或許是爸爸英文好，媽媽也好學不倦的關係，中學時，有一次學校邀請校外人士來演講，主講人提到他能說七國語言，我便心底立誓，將來也要學好外語。後來在臺視做節目主持人，能用外語訪問外賓，跟這時候的立志很有關係。

此外，還有一件在心底立志的事；有一次校園有人來取景拍電影，那是杜鵑、張沖、范麗主演的片子，這三人在當時都是香港的大明星，同學們都跑去看拍片，唯獨我沒去，我在心裡暗忖：「以後我要比他們還出名！」

然而爸爸卻希望我做護士，大概白衣天使，白衣、白帽、救人的形象，讓女孩子看起來很神聖吧！而我自己的願望則是做一名外交官，外交官是代表國家的親善大使，肩負了敦睦友誼、宣揚文化以及談判的重責大任，又能到世界各地旅行、受人尊重，讓我非常神往。

到了初中年齡，同學們更懂得愛漂亮，班上也出現了更時髦的女生，有位同學姓郎，家境功課都好、人也漂亮，騎輛坐墊墊得老高的腳踏車上學，讓我好生羨慕。

另一位白四德，是我印象很深的同學。

二〇〇三年，雙安以世界福州十邑同鄉總會會長身分赴美開會，四十年未見的女同學白四德看到新聞報導，與世界日報聯繫，說她是我同班同學，留了她在紐澤西的電話，盼望跟我聯繫。

白四德是我初中的好同學，當年，她就已經跟她現在的丈夫郭先生談戀愛了，有趣的是，我跟郭先生的弟弟還是小學同班呢。

我打了電話給白四德，她立刻從紐澤西來旅館看我，兩人四十年未見，彼此都互誇歲月未曾留下痕跡。談起往事，她如數家珍、點滴未忘，她說，有一次我跟著她和郭先生去舞廳跳舞，跳到一半，爸爸竟來舞廳抓人。白四德她眼尖，一看到我爸進來，趕緊用身子擋住我說：「妳爸來了，快躲、快躲！」

還好有她拔刀相助，否則我恐怕要讓家教甚嚴的爸爸，報請少年隊抓去了。我告訴白四德說，我都不記得這些事了，白四德說，我們那時候是專門保護妳的，當然記得呀！

白四德雖與我同班，但比我大三歲，也是個時髦人物，像太妹可是不是太妹，功課很好，穿的短襪子都反摺一摺，看得我一楞一楞的，也跟著學。那時候全校有三個姓白的，都編在我們這一班。

白四德後來跟她先生一起出國留學，奮鬥過程中充滿了艱辛，她說辛苦的時候，一邊切菜、一邊流眼淚，淚水滴在菜刀上。現在他們在紐澤西有一家很大的中餐廳，歷經了大火又站立起來了。

由於她先生姓郭，餐廳側面放了一個很大的炒菜鍋做為裝置藝術。一位廚師說，餐廳裡什麼東西都能丟，就是這鍋不能丟，因為老板姓郭。

家終於破碎了

父母在市區租房開補習班時，隔壁就是一家委託行，裡面擺的都是物資艱困時難得一見的進口貨，珍珠鍊子、耳環、別針、巧克力，還有冰淇淋，我放學後到了父母開的補習班，第一件事不是先做功課，而是蹲在委託行門口跟人討價還價。那些東西太吸引人了，我想買一樣好東西給媽媽當生日禮物，可是零用錢又不夠，我每天省下買包子的早餐錢，幻想著媽媽戴上那一串珠鍊的美麗與高興。

離媽媽十二月二日生日愈來愈近，可是我的錢還是不夠買那串珠鍊，儘管那只是一串假珍珠，但那圓潤晶亮的色澤是如此誘人，我每天蹲在玻璃櫃前凝視，跟老板娘鄰居套交情講價，最後老板娘大概是被我真情感動，她跟媽媽說：「妳那個女兒啊！對妳真是有孝心。我便宜賣給她了。」

對媽媽，我總是這麼充滿孺慕之情，四歲時候，我就懂得給媽媽買生日禮物，因為我看見別的媽媽腳上都穿著一雙木拖板，走起路來好像很神氣，就給媽媽也買了一雙木屐，慎重其事地當生日禮物，後來我才知道，除了那一天，媽媽其實根本沒穿過那雙拖板鞋，但我小小的心靈，是充滿喜悅的。

小時候的甜美往事，到了高中，便換成了眼淚。

父母關係日益緊繃，幾乎只要開口就是爭吵。媽媽一收拾細軟要離家，我們孩子哭成一團，爸爸更暴跳如雷，對他來說，維持家庭的完整，挽留媽媽的心，似乎都可以用蠻力解決，爸爸聰明一世、糊塗一時，不知道事情這樣做只會愈來愈糟。

終於在一次肢體衝突後，媽媽決心一去不回，把我安排到新竹光復中學住校，弟妹住到沒有孩子的向乾媽家。媽媽想得很周到，向乾媽是東北人，護士出身、虔誠基督徒、家規嚴格、室內一塵不染，而向伯伯寫得一手好字，琴棋書畫是他的嗜好，這一家向來是眷村裡人人稱羨的對象，弟弟妹妹寄養在那裡，媽媽非常放心。

有一天，我在新竹上課到一半，爸爸突然來學校把我接走。他說：「妳媽死了，自殺死的，現在妳跟我回家。」

十五歲的我，聽到這惡耗，心痛、心亂、心怕，不知如何是好。一路哭回臺中。

進了家門，他告訴我：「妳媽沒死，把妳接回來，妳媽才會回來。」原來他是用這方法，讓媽媽回頭，因為他知道我是媽媽的心頭肉。

得知媽媽沒死，這只是謊言，我又要離家，爸爸狠狠辱罵我，不許我離開去找媽媽，我告訴他，我要跳河。爸爸非但沒有阻止，甚至吼我：「妳跳呀、妳跳、妳去跳河吧！」我聽完真的跑到村裡一條大水溝的橋上往下跳，當時鄰居都跑出來，大家喊著：「白沙呀！妳別跳，千萬別跳河啊！」

後來，幾個力氣大的街坊把我拉了回來，只是從此之後，我再也不上學、不回那個家了，我跟著媽媽來到了臺北。媽媽在一家外銷地毯工廠找到工作，我也四處想找工作，自力更生。

E
FP
TOZ
LPEDT

05

我的父親

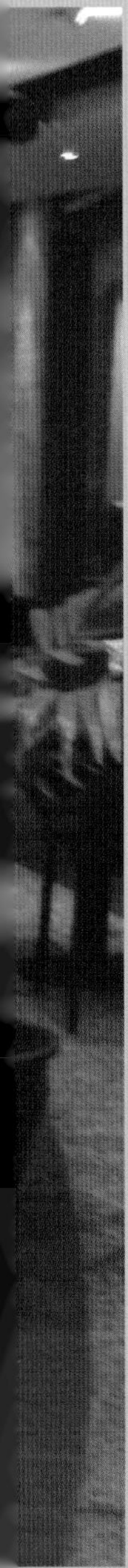

我的父親及阿姨前來印尼
旅遊，我與雙安滿心歡喜
接待爸爸餐聚。

對於父親的記憶比較模糊，因為，我從十六歲就離開了家，獨立生活。

在我的印象裡，爸爸從空軍部隊提前退休後，憑著當年的退休金，他和媽媽在臺中市平等街開了一家中英文打字補校；一方面代客翻譯、打字各種文件，一方面教授學生英文和打字。在當時的臺灣仍是非常少見又先進的行業。「華美中英文打字補習班」不但為臺灣造就了許多人才，同時也為當年的進出口貿易盡了一份力。

可是，他們的日子過得不快樂；因為媽媽從小就習慣優越的生活環境，和早年剛遷移到臺灣的艱苦環境不對稱；而爸爸的超前思想也難以融入每天所面對的現實社會；使得他們經常為了小事而爭吵。

我剛開始讀初中的時候，爸爸和媽媽離婚了。離婚，在那個年代，提到「離婚」兩個字簡直是不可思議的，有如社會禁忌。父母親的離婚不但使得他們在朋友圈裡被渲染得沸沸揚揚；就連我們作兒女的與同學之間的關係也突然起了變化，總是被人指指點點地、好像我們做了什麼見不得人的事似的。

為了躲避同學之間的閒言閒語，我請求家人讓我轉學到一個完全沒有人認識我的地方，不知為什麼我到了新竹，但是，我得在新竹住校；在這個新的環境裡，一切都得從頭開始，我也漸漸地和家人，特別是爸爸，疏遠了，對於爸爸的記憶也隨著時間模糊了。

壯志凌雲

我們在臺灣沒有親戚，向來也沒有聽過父母親講過我們的家世，直到五年前，弟弟從大陸親戚那裡得到了一份家譜，從家譜追朔得知，白氏祖上是秦國大夫「白乙」的後代；先人在大宋年間就被朝廷派往隴邑開闢西羌治理當地，從此世世代代留在陝甘地區。

其實爸爸年輕的時候，他已是國家不可多得的人才。據說他的家族經營酒廠並且也是當地的望族，儘管生長在偏遠的大西北，但他從小就被祖父送到省城去讀書，中學時代就在學校裡嶄露頭角，在各方面學習都相當優秀，數理學科更總是名列前茅。畢業後就考進了在戰亂年代愛國青年最嚮往的「空軍軍官學校」，投筆從戎展開軍旅生活。

根據雜誌「中國的空軍」（註一）報導，爸爸剛剛加入空軍時就參加了一次既艱鉅又棘

註一　中國的空軍〈憶西北混合隊〉吳化熙著，參考自中國飛虎研究學會（原空軍退役人員協會）網站。

手的歷史性任務；民國三十二年（一九四三年）蘇聯趁日軍兵臨重慶之際，在新疆開始偷襲國民黨軍隊，並慫恿當地的少數民族成立「東突厥斯坦共和國」。按照常理推斷，中國政府應該派遣空軍迎敵，一舉殲滅蘇聯所挑起的叛亂活動，但是，當時的蘇聯非常清楚在當下的國際政治環境，中國政府是無法使用正規編制的武裝部隊去面對這場內亂，主因是抗戰時期中國政府所接收的所有美國製造武器，只允許被用於攻擊「軸心國」敵人，而不可以攻擊同為「同盟國」的蘇聯和內亂叛民，因此，國民黨空軍只能臨時編湊一個非正式的部隊；將一些老舊、即將退役的飛機重新修整、並挑選願意臨危受命的青年，組成一個空軍隊伍——「西北混合隊」（十四航空中美空軍混合團，CACW）。

除了裝備克難以外，身分上又不能名正言順地迎敵作戰，以致於「西北混合隊」的營運經費取得更加困難，要從別的項目裡擠出來。部隊進行調動和任務時，在財務上總是捉襟見肘。甚至連他們僅有的那一、二十架老飛機的零配件，都必須從其他報廢飛機上「借」過來使用。

但是這支隊伍卻在面對蘇聯優良裝備空軍和西北險惡環境中，愈戰愈勇。他們一直在陝西、山西、綏遠、甘肅和新疆巡迴調防，奮守邊陲，直到抗戰勝利，「西北混合隊」才被解散。這批既年輕又機智、勇於冒險犯難的空軍健兒，完成了不可能的任務，保衛了中國疆土的完整！而我的爸爸也是團隊中的成員。

爸爸在服役期間，曾被政府派到美國接受特殊飛行員培訓一段時間，回國後繼續報效國家。民國三十八年（西元一九四九年）則隨著國民政府搬遷到臺灣，於臺中的水湳空軍基地服務，我們的家就在機場旁邊的大石里空軍眷村，也成為我兒時成長的地方。

電動汽車和經濟型汽車

前幾年我弟弟到美國亞利桑那州鳳凰城，參觀一所世界知名的雷鳥全球管理研究學院（Thunderbird Graduate School of Global Management），才發現原來那所管理研究學院的前身，就是父親多年 前接受培訓的菁英飛行員培訓中心「雷鳥基地」（Thunderbird Field）。

這所超級飛行員培訓基地於第二次世界大戰期間，曾經為世界上三十個國家培育出一萬名頂尖飛行員，雖然現在該基地已經不再進行飛行員培訓了，但原有的機場塔臺仍然矗立在校園中，爬上塔臺可以看到過去所有曾在這裡接受過培訓的飛行員照片，這也是該基地最值得驕傲的記憶與印記。

除了飛機，爸爸也喜歡汽車。他很早前就說過，未來的汽車發展應該要使用電力、而且構造要愈簡單愈好。他的思想一向比較前衛，只是在當時的臺灣，找不到對這方面有興趣的合作夥伴。但也有出乎意料的收獲；在越戰期間，有許多美軍駐防在臺中清泉崗，爸爸開朗的個性、飛行背景以及他當年在美國接受飛行員培訓的經歷，讓他與那些美國飛官一見如故，彼此感情非常好！於是他就和幾位志同道合的美國軍官，一起討論飛行技術又一起研究、發明電動汽車和構造簡潔的汽車，甚至還做出來幾個研發樣品，運到郊外去試車。

可惜在那個年代，大家對環保和石油危機完全沒有概念，爸爸的構想始終無法被臺灣的企業家接受，後來因為越戰結束、美軍離開，他少了知音的鼓勵，也就沒有再繼續這個研發項目了。

臺灣輕航機運動

開朗灑脫的爸爸一向來就喜歡飛行。在美國拉斯維加斯投資經營酒店的那幾年，他開始在當地參加輕航機運動，每周都要花許多時間去翱翔天空；他懷念在白雲裡與蘇聯戰機捉對周旋的日子，和他那段在美國「雷鳥基地」受訓時挑戰飛行極限的歲月。

古語有句話，落葉歸根；在美國的日子再好，他對於臺灣鄉土人情的懷念，也隨著年歲的增長愈來愈濃。過了幾年後，他還是決定回到臺灣——這世界上人情味最濃的地方養老。但是，好動的他才回到臺灣沒幾個月就又坐不住了，緊接著他又開始設想，如何把自己在美國享受的休閒運動介紹到臺灣，讓臺灣愛好飛翔的人也有機會過一過飛行的癮。

爸爸做事就是認真。他認為，他的輕航機計畫不止是把一種運動引進到臺灣，他更希望我們同時也能夠發揮中國人的智慧，把輕航機的機械與航空原理鑽研更精進，以後不但不需要從國外購買，甚至能吸引外國人來向臺灣購買輕航機。另外，鑑於臺灣在國際之間的發言權受到阻礙，他深知政府也希望，我們每一份子在國際之間都能代表政府，促進與其他國家和團體的互動，讓更多人認識臺灣！

因此，他在引進幾架輕航機後，也向政府申請這方面的許可，在此同時，他也積極把自己在臺灣設立的輕航機俱樂部介紹給他的國際朋友，包括總部位於瑞士洛桑的「國際航空聯合會」（World Air Sports Federation，法名簡稱FAI），更讓臺灣愛好輕航機運動的人士，也能夠利用運動的機會，與世界其他國家建立起友誼，為臺灣在國際之間做好國民外交。

然而，萬事起頭難，爸爸花了許多時間和精力在輕航機事業上，仍持續遇到各式各樣的阻礙，但皇天終不負苦心人，他以堅忍不拔的精神任事，終於為臺灣打開了輕航機運動的大門！

只是歲月不饒人，含辛茹苦幾年下來，父親也開始思考自己該放手，讓年輕人接班這份意義深遠的工作了，在臨別輕航機運動前，他又聯絡了一些朋友和他共同舉辦了一場空前的活動，帶著臺視「八千里路雲和月」節目的製作組和國際航空聯合會的會員們，於國際航空節抵達甘肅酒泉，盛大舉辦一場代表兩岸友好的輕航機飛行展示，也一圓他「西北混合隊」冒險犯難、翱翔家鄉的宿夢！

爸爸考進在戰亂年代愛國青年最嚮往的「空軍軍官學校」。

爸爸進入空軍後加入持續於陝西、山西等地巡迴調防的「西北混合隊」。

藝人張魁與爸爸因輕航機運動結緣成爲好友。

爸爸的輕航機俱樂部吸引許多同好參與。爸爸（左起）、張帝、阿姨、張魁。

二〇一四年受邀參加「四海同心聯歡大會」，僑委會委員長陳士魁
贈與海華榮譽章。（張兆輝 攝）

二〇一〇年回國參加國慶慶典，時任臺北市長郝龍斌邀請我參觀花
博並擔任「花博全球宣傳大使」。（張兆輝 攝）

前總統夫人周美青與我。（張兆輝 攝）

國慶晚會與前總統馬英九（右），僑委會委員長陳士魁（左）合影。（張兆輝 攝）

到立法院訪問與時任立法院院長王金平合影。（張兆輝 攝）

06

踏上演藝路

記得有一回跟隨媽媽去了長輩——王孔安爺爺的家裡做客，席間看到一位女孩穿著軍裝、風采神氣，令人好生欣羨，原來她是藍天康樂隊的隊員。我一直很喜歡表演，當時又試圖自力更生，看到那女孩才想到，藍天康樂隊隸屬於軍方，從管理至福利都不錯，軍眷們對此團體都有好印象，於是當下我就表達了想進康樂隊的意願，這女孩說隊裡現在正好也在招募人員。於是，媽媽就陪著我去報名，也幸運獲得錄取！

回想面試那天，主考官問我：「那妳要取什麼藝名呢？」這可問倒了年僅十六歲的我，要叫什麼藝名好呢？正巧那天我手上拿了一本西洋小說名著「嘉麗妹妹」，於是我隨口說：「就叫嘉麗好了！」而那時為了怕爸爸找到我，我連姓也改了，說：「叫我黃嘉麗吧！」這就是我最初的藝名。

當時團裡不乏名氣很大又有實力的老團員，例如：孫伯堅、黃小冬夫婦，還有楊小萍。團長本來安排我跳民族舞蹈，但楊小萍說我太洋氣、個子又高，不適合！於是黎隊長靈機一動，就改讓我唱西洋歌曲，跟幾個女孩組成了女子樂隊。

我入團沒多久，第一次登臺是在中山堂勞軍表演，我被安排第一個上臺唱歌，其他幾位女孩則在我身後假裝打鼓及彈奏樂器，但其實真正的樂隊是在舞臺側面，那時候完全是初生之犢不畏虎，我手持麥克風、穿著蓬蓬裙又唱又跳，一點也不怯場，把氣氛炒得熱烈高昂、全場盡歡。

在團裡時，我也會偷偷觀摩其他人怎麼化妝，把臉抹得五顏六色的，有一位資深團員小燕姐熱心地教我，上臺妝一定要濃，不然人家在臺下根本看不到妳的眼睛！只是我離團後就再也沒有見到這位大姐了，聽說她和同團裡吹小喇叭樂器的藍先生結了婚、生了一位美麗的女兒，後來也成為演藝圈的紅星。

還有一次，我們去金門勞軍，在防空洞裡面化妝，因為地底濕氣重、頭髮完全梳不起來，至此，我才明白前線官兵有多麼辛苦，也難怪要喝高粱酒了，因為長期處在那種潮濕之地，很容易遭受關節發炎之苦。

進藍天康樂隊以後，本以為就此找到可以自由遨翔的藍天了！沒想到不久後，爸爸又找到我了，他怒不可遏地到軍法處控告藍天的黎光亞隊長「誘拐未成年少女脫離家庭」，隊方函覆報紙上招考隊員的廣告，才得以免除一罪，但也讓黎隊長因此被記一過，讓我和媽媽非常過意不去。

軍法處的事件發生後，媽媽跟隊上說，請千萬不能讓孩子被她爸爸帶走。但是，隔不久爸爸再度出現在一次勞軍演出的後臺，他執意要帶走我，隊方出面保護我，說有約在身不可隨便離開，爸爸才黯然離去。

陪客變成主角

在藍天工作了兩年後，有一次朋友帶我去歌星翁英華家中做客，我們聊著聊著，翁英華說當天晚上要去中央酒店簽約並進行排練，於是問我們可不可以陪她去？這位朋友正巧有事無法一同前往，於是我就說，我陪妳去吧！

當翁英華進辦公室洽談時，我就坐在辦公室外面等著。那天正好是中央酒店召開股東會議的日子，辦公室裡的楊經理問翁英華：「外頭坐著的是你朋友嗎？她會唱歌、表演嗎？請她進來談談看。」

進入辦公室後，楊經理問我：「妳有登臺經驗嗎？我們剛好缺一位報幕小姐，妳願意試一試嗎？」因我有舞臺經驗，演講比賽又總是第一名，有自信能夠勝任，便回答：「我願意試試。」之後楊經理便請另一位先生在一張紙上寫下簡單的中英文歡迎詞，要我等晚上節目結束以後，上臺用麥克風排練一下，我想大概要測試我的口齒、音色和臺風吧！

晚上排練出奇地順利，更令人興奮的是，他們要我那個禮拜六就去上班。對我來說，這是多麼難得的機會！

我曾在中央酒店聽過劉家昌唱歌，中央酒店的舞臺設置得高貴華麗、水準一流，任何人站上去，都會非常突出和美麗。那時，我有彷彿站上了雲端般的感覺，快樂的難以置信。但我馬上就面臨了一個大問題：我沒有上臺表演的禮服呀！

第一件禮服

翁英華在那時已是有名的歌星，擅長唱周璇的歌曲，她聽說我沒有上臺表演的禮服，便說可以帶我去專門賣禮服的「如貝禮服店」挑衣服。

到了那家座落在西門町的禮服店，我有如劉姥姥進了大觀園，看得目不暇給、眼花瞭亂。每一件都是那麼的精美華貴，可是，價錢也好「高貴」！每一件至少需好幾千塊臺幣，初出茅廬、年僅十八歲的我，怎麼買得起？「如貝禮服店」的老板娘是一位上海籍的張媽媽，她看我猶豫不決、面有難色，體貼的為我解了圍。

她拿出一件全白鑲滿亮片的禮服跟我說，這件衣服原來是別人穿過的，但是腰部那裡開了線，幸虧我人瘦腰又細，縫一縫、改一改應該正好可以穿，於是張媽媽就算了一個很便宜的價格給我。

但是只有一件禮服還是不夠，我總不能一件衣服走天下！張媽媽絞盡腦汁後，想起還有一件是人家訂了，但是沒有來拿的黑色的禮服，因為太素了，我得自己想辦法加工一下，於是她便給了我一大包亮片帶回家，讓我自己想辦法釘上去。張媽媽同時又請裁縫師傅，用粉筆在禮服上快速地畫上圖案，並且囑咐我按照圖案位置，把亮片釘上去就可以了。

我小心翼翼的捧著那包亮片和禮服，如作夢般興奮地回到家。媽媽平日工作很忙，她要與很多的外國客戶們接洽連繫，上完一天的班早已精疲力盡了，但為了我的第一套禮服，慈祥的媽媽，用她那玉蔥般的手指，一針一線，連夜地幫我把亮片縫了上去。

第二天一早，我睡眼惺忪地起床。因為昨晚興奮得輾轉反側，一夜難以安眠，隱約記得媽媽在燈下縫禮服，縫到好晚。我下床後走到客廳，看到一件鑲著金鳳凰的耀眼禮服擺在桌上，而媽媽還忙著做收尾的工作，我感動得抱緊媽媽，全然體會到了什麼是慈母手中線啊！

初生之犢不畏虎，十六歲進入藍天康樂隊，隊長讓我們組成女子西洋樂團，由我擔任主唱。第一次登臺是在中山堂勞軍表演，記得我唱的是首拉丁歌曲是 HISTORIA DE UN AMOR ，中文名「我的心裡只有你沒有他」。

母親（左）的審美觀與價值觀深深地影響我。

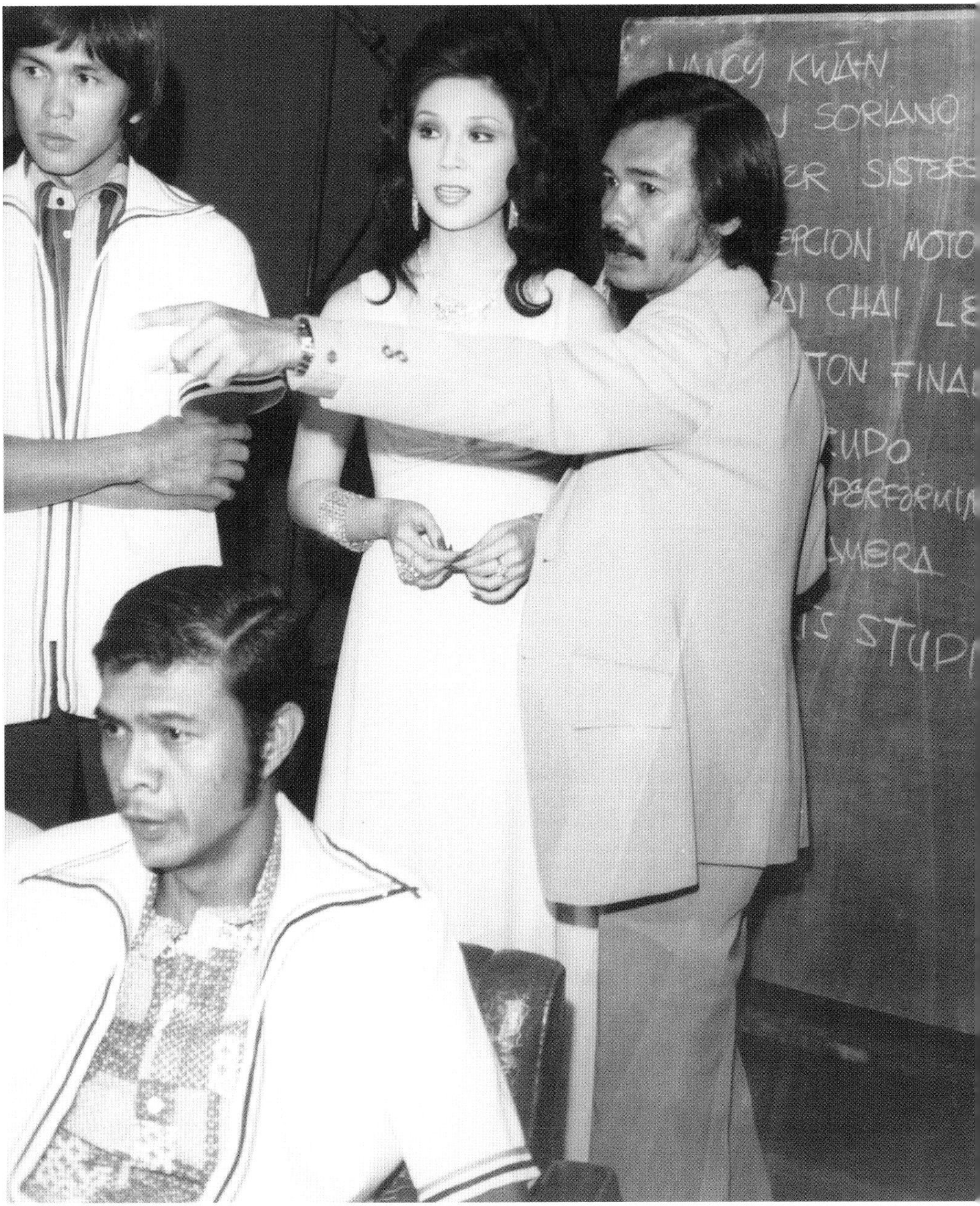

一九七四年受邀參加菲律賓電視節目。

一九七四年受邀參加菲律賓電視節目。

07

妙語連珠有學問

十八歲在中央酒店櫥窗裡宣傳照。

報幕工作在過去，就只是報幕，彷彿稍具臺風、口齒清晰就可以勝任。但我不希望自己只是一個「播報員」，我希望自己是一個「主持人」。讓一個節目因為自己的用心投入，而有不同的風貌，甚至耳目一新。

我四處搜集資料、積極學習，看到好的文章字句就抄下來，甚至也留心注意相聲演員的機智與腔調。有一次，為了一個特別的節目，我去拜訪了一位出色的相聲演員——吳明先生，請教他如何讓說話更有魅力？他提供給我一個非常寶貴的意見，那就是：要視下一位出場的主角特色、歌曲名稱以及歌星名字，來進行發揮，說白了，就是要懂得「借題發揮」。

有了高人指點，我在報幕時就會適時加上自己的創意；比方說，下一個節目是歌星青山出場，於是我就會說：「常言道，留得青山在、不怕沒柴燒，今天我們是留得青山在、不怕沒歌聽……」這般活潑生動的介紹方式，果然獲得了如雷掌聲，較諸刻板的報幕，我開始與觀眾有了互動，也像是有一條主線貫穿了整場節目，當報幕者成了主持人，我也慢慢以自己的獨特的風格，樹立了主持人的地位。

回想到我在中央酒店上臺的第一天，媽媽還特別在臺下的最前方包下一桌，請她的同事一同來觀賞。表演結束後，她詳細地提供寶貴的意見，告訴我怎麼出場會更亮眼、話要怎麼說更有吸引力！從此，媽媽一直是我的舞臺良師；雖然她從不去後臺干涉，只在前臺默默坐著欣賞並提供意見，但只要有我的節目，她必定仔細留意，成為了她的習慣。

後來我在電視臺主持節目，只要節目時間快到，無論她是否跟弟妹在外面用餐，一定是催著弟妹趕快回家，說姊姊的節目快開始了。所以妹妹常說，有好幾次她們西餐吃得正起勁，媽媽就叫他們趕快吃，要回家看姊姊的節目，好掃興！

中央酒店常有外國客人光顧，為了增加客人的親切感，我也勤練外語，有德國團體來，我就請導遊教我幾句德語，用注音符號寫下發音，在後臺默記、強迫背誦下來，上臺就現學現賣；日本或法國客人來也一樣如法炮製。這招讓外國客人聽著就很受用，也備感親切。

有一年，我受邀主持在三軍球場的一場大型晚會；那場晚會冠蓋雲集、一流影歌星幾乎都到齊了，電影明星李麗華也從國外趕回來參加，主持節目時，我說：「剛剛接到氣象局報告，今天的天氣是晴時多雲偶陣雨，下面請聽楊小萍的『今夜雨濛濛』……」當時的華航總經理事後告訴我，那天他也在場，聽到我忽然說：「剛剛接到氣象局報告……」以為有什麼重大的氣象變化，讓他嚇出一身冷汗，因為航空公司就怕天候不好、影響飛行。還好，那只是我的幽默介紹，讓他印象深刻！

中央酒店的豪華大秀

中央酒店在當時頗負盛名，總能邀請到國際一流水準的團隊演出，現在我們熟知的拉斯維加斯的大秀，那時就已經搬到臺灣的中央酒店舞臺表演了！其中印象特別深刻的是「一千零一夜」天方夜譚大型歌舞魔術馬戲秀，改編自五千年前阿拉伯神話，集合了世界著名魔術師、特技、歌舞表演，至今仍令我難忘。

在那場演出裡，有神蟒特技、萬劍刺美、靈猴特技、鱷魚催眠術、刀上曼波等出神入化的演出。活生生的十一條鱷魚、四條巨蟒、四隻靈猴都搬上了舞臺，當美女身上纏繞著巨蟒由後臺走上前臺時，那時站在旁邊的我，真是嚇得混身發毛，生怕蟒蛇那滑溜冰冷的身體碰觸到我，至於那全身粗糙、睜著一雙巨眼的鱷魚就更不要說了，只能用恐怖至極來形容……。

不過，同場表演的噴火及催眠特技，還有碎玻璃上大跳曼波舞等等精采表演，真是開了眼界，也讓我明白了，原來舞臺可以運用到如此極致！

中央酒店那時也邀請不少海外知名藝人演唱，譬如張美倫、崔萍、席靜婷、仙杜拉、阿美娜等，現在旅居日本的歐陽菲菲，那時也是臺柱之一呢！

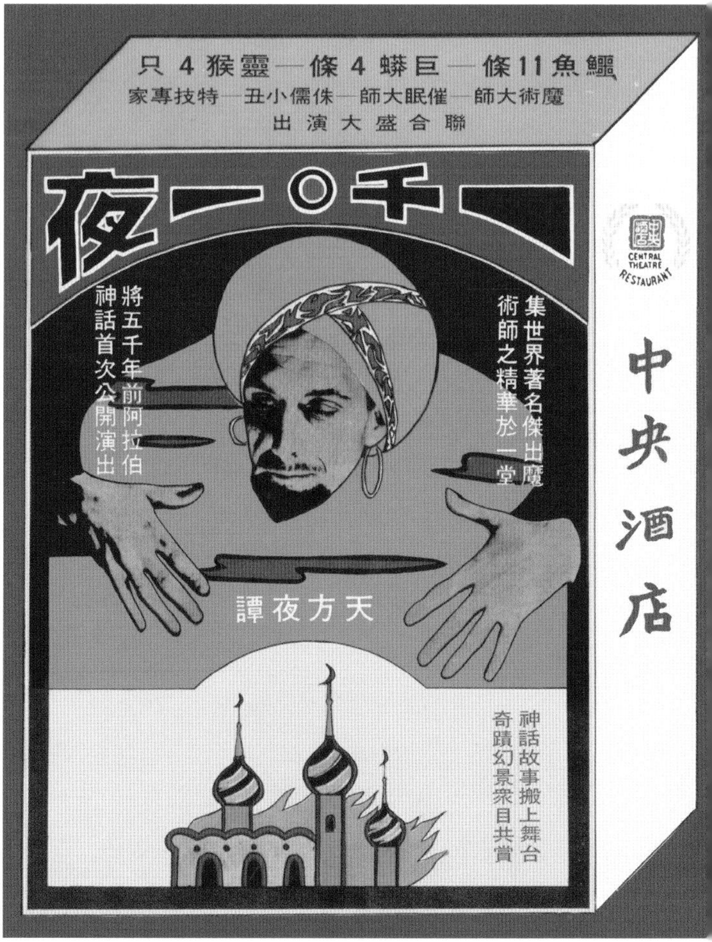
鱷魚11條—巨蟒4條—靈猴4只
魔術大師—催眠大師—侏儒小丑—特技專家
聯合盛大演出
一千〇一夜
CENTRAL THEATRE RESTAURANT
中央酒店
集世界著名傑出魔術師之精華於一堂
將五千年前阿拉伯神話首次公開演出
天方夜譚
神話故事搬上舞台
奇蹟幻景衆目共賞

序曲 中央大樂隊—詹聽泉先生領導
一、舞蹈……嘉麗華舞蹈團　二、歌唱……華苓小姐
三、特技…中國高空特技團　四、歌唱……藍儀小姐
五、一千〇一夜　第一部
阿拉伯神之祈禱—神情肅穆的和尚，虔誠向阿拉伯神祈求，變幾乎不可能爲可能。神奇的事蹟，逐漸展現：神蟒特技—美女與巨蟒，親密得像一對情侶。萬劍刺美—利劍四方猛刺木箱，箱內美女安然無恙。靈猴特技—牠能表演出人意料的各種特技。麥加秘法釀製飲料—一把水壺，神秘的不斷地灑出各種飲料。幻術美女化煙—如花美女，剎那間化成一陣清煙，飄渺無踪。王子玩火—雖然被魔火熊熊地纏繞，可是歡舞嬉逐的王子與公主們依舊若無其事地玩樂如故，而且從他們口中噴出火燄。
六、歌唱……南茜小姐　七、舞蹈……嘉麗華舞蹈團
八、一千〇一夜　第二部
神秘的阿國後宮—蒙上了陰森薄霧的阿國後宮，宮內卻富麗堂皇，波斯國王任性地命令宮女們拚命演出：卡里可利在碎瓶的玻璃片上大跳刀山疊波，接着梯上神跡——一個宮女從梯子爬昇天堂，芳踪杳然。另有群女娛王—宮女們體態輕盈，載沉載浮，以娛國王。最後鱷魚催眠術—外形醜陋而兇猛的十幾條大鱷魚，帶着猙獰的臉嘴，旁若無人在那裡興風作浪，似乎是想攫人而噬，四處亂竄，催眠師可拉可把具有無上魔力的雙眼一瞪，那些頑強的鱷魚，立刻就像化石一樣地靜止下來，變成了非常聽話的馴貓一般。
謝幕（全體演員）
節目主持人
白嘉莉

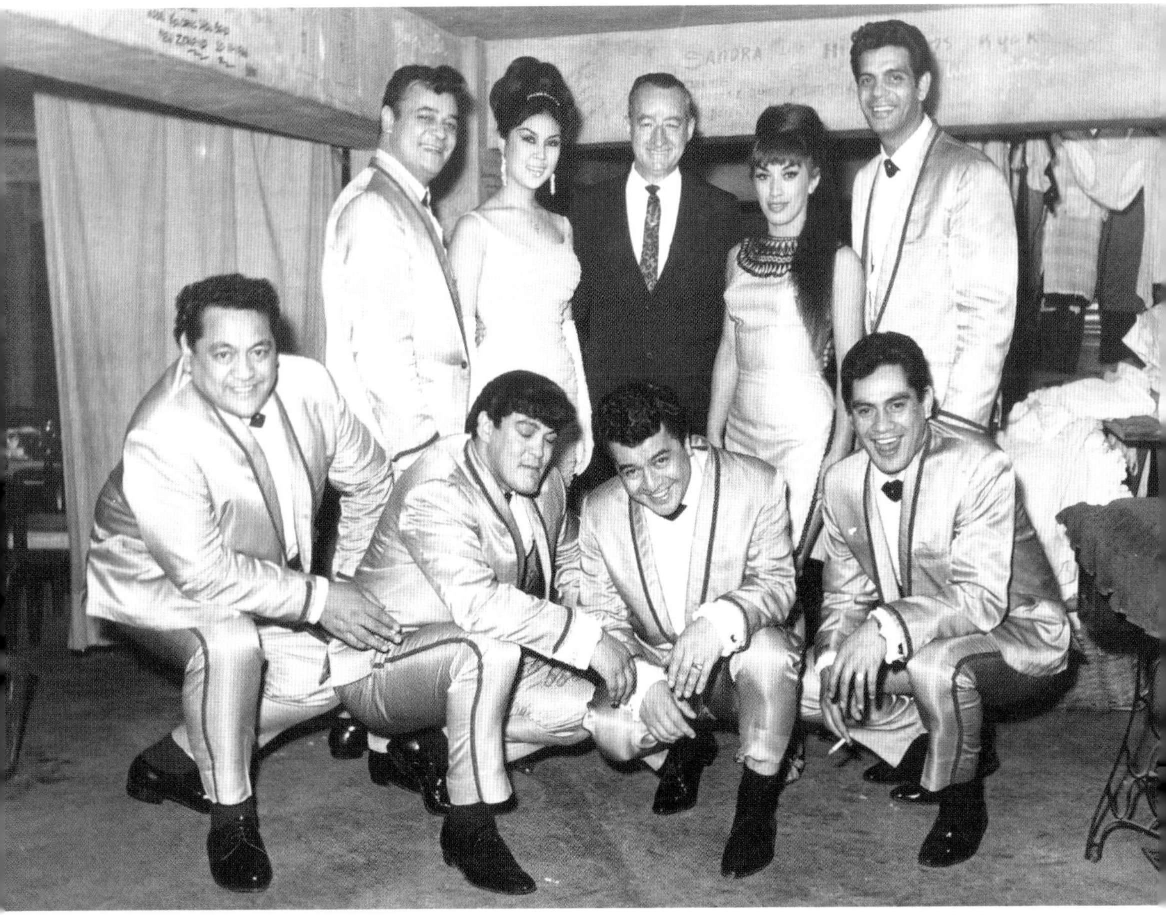

中央酒店在當年盛名遠播，爲了增加節目豐富性，總會邀請世界各地、水準一流的歌星、魔術、特技團體等前來臺灣獻技，高超表演總是博得滿堂彩！

早年在三軍球場主持大型晚會節目時，與獲得兩屆金馬獎影后的大明星李麗華（左二）、「千面小生」嚴俊（左一）伉儷，及臺灣電視史上最長壽節目「五燈獎」節目最早期主持人李睿舟（右）合影。（中華日報 趙次淵 攝）

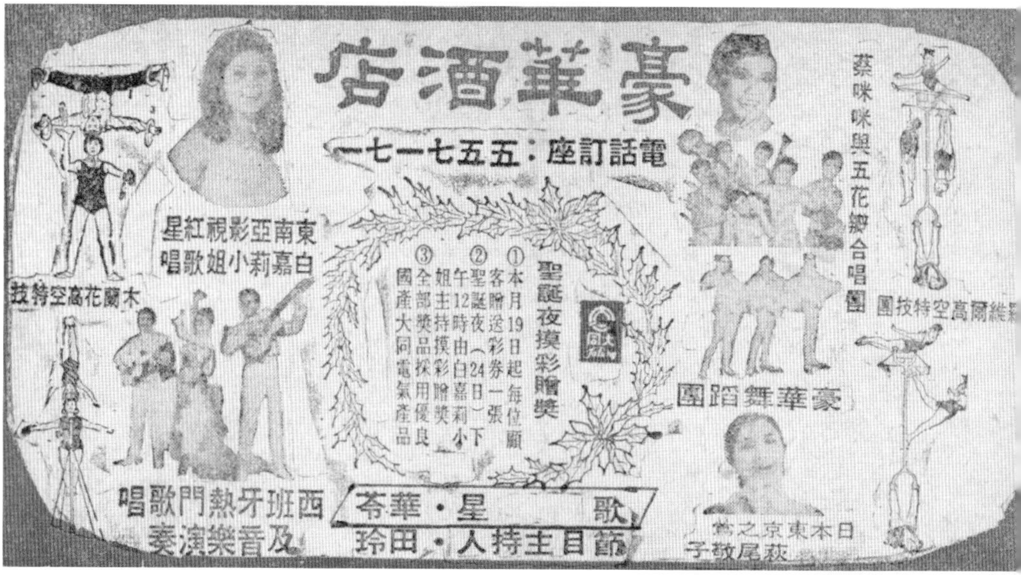

08

星光熠熠的那些年

以往的過年，觀眾多會守在電視機前觀看特別節目，內容格外精采豐富。每年臺視的春節特別節目，都是由我主持，有一次我特別女扮男裝，反串唐伯虎一角。

民國六十年代初，我踏進了臺灣電視公司的攝影棚，開始了一段繽紛璀燦的電視歲月，當時，中視，華視雖然已先後開播，但臺視「綜藝王國」的霸業，由於人才濟濟，並沒有受到什麼影響，倒是我這個披著夜總會主持人光環跨行的「新人」，在星光閃閃的電視王國中，激起了一波不小的震盪，同時，也牽動臺視開出了幾個前所未有的新型、和大型的綜藝節目，這些節目的主持工作，大多落在我的身上。

我進入臺視主持的第一個節目是「時代之歌」，之後主持了「彩色人生」，這是一個短劇形式的節目，導播選了臺語歌「安平追想曲」作為片頭歌曲，交由我演唱，許多人聽了，都覺得新奇，稱讚我的臺語發音地道，感到相當親切。

「喜相逢」是那個時代唯一有觀眾參與的現場直播節目，絕對不能遲到、不能NG、不能重來，不僅需要我集中精神主持，包括攝影團隊壓力都很大，後來還有「生日快樂」，這是一個每周都會邀請當周壽星的現場節目，「生日」是一個人的生命開始，也是生命的里程碑，因此生日不僅值得慶賀，更要在這一天感謝母親，因為這天是母親的受難日，這是一個非常受歡迎的現場節目。

「英倫金杯」是保齡球運動型的節目，每次節目開場就是我穿著短褲、發第一個球，而且導播要求要Strike全倒，記得一開始我時常NG，後來逐漸練出好身手。印象中還有溜冰運動型節目，我得穿溜冰鞋主持，這在當時相當前衛，當然，鏡頭外的花絮可比幕前精采呢！此外，我還主持了西洋歌曲節目「星星星」、「熱門歌曲」和「翡翠宮」，及夜間談話性節目「莫忘今宵」、歌唱比賽節目「三朵花」……等等。

臺灣早期的大型綜藝節目，最特別的是將攝影器材搬到豪華酒店夜總會錄製的「歡樂周末」，很多外國藝人、雜技團體都會在這節目中大展身手。

一九七三年（民國六十二年），臺視每年年終特別節目「這一年」的製作人陳君天來找我，表示節目部要為我量身打造一個大型的綜藝節目，問我有什麼想法，我們談了很多，但結論只有一個，那便是希望突破現有的型態窠臼，給觀眾一個嶄新的感受，這便是華人電視史上第一個雜誌型綜合節目「銀河璇宮」的由來。

那時期有名的歌星：鄧麗君、鳳飛飛、翁倩玉、歐陽菲菲、陳芬蘭、劉文正、余天、崔苔青、姚蘇容、冉肖玲、包娜娜、楊小萍、尤雅、青山、婉曲、謝雷、張琪、夏心、秦蜜、張明麗、紫薇、美黛、蔡咪咪、李雅芳、蕭孋珠、洪一峰……等，發片時都會要求上我的節目宣傳打歌。

我想起在那個時代，所有的電視節目都要經過新聞局的審查，有些流行歌曲則因被列為「靡靡之音」而禁唱，那時政府也在推動淨化歌曲，例如：「你儂我儂」、「生命如花籃」、「晚霞滿漁船」、「人間有天堂」……等，都是歌詞健康、有元氣、有希望，可帶動社會正面風氣的歌曲。當時並規定每一個電視歌唱節目，一定要有一、兩首淨化歌曲，然而歌星們上節目都要為自己的唱片作宣傳──「打歌」，不願意唱政府推行的淨化歌曲，因此，我所主持的節目經常都由我來演唱，他們戲稱應該頒給白嘉莉「淨化歌曲之后」獎。

電影明星如：林青霞、甄珍、林鳳嬌、凌波、金漢、胡茵夢、張美瑤、秦漢、秦祥林、柯俊雄、楊群、上官靈鳳、楊惠姍……等，以及導演白景瑞、王引、李行、胡金銓……等，電影上片前也會上我的節目宣傳、接受訪問。

我也打破了只是串連現成單一的素材方式，發揮了個人的語言能力，開闢了一個「時人訪問」的單元，我記得接受過我訪問的來賓，都已經是各界佼佼者，例如：那時剛回國、創立雲門舞集的林懷民先生、備受尊崇的國際雕塑藝術家朱銘先生、已逝的國畫巨匠張大千大師等等，這些人一般都只出現在新聞節目中，他們光臨「銀河璇宮」，使我的節目平添了更多的光彩，質感和深度。

後來，我們又找了兩位優秀的演員孫越和張小燕，到節目中來表演極短劇，深受觀眾歡迎，從此「銀河璇宮」中的喜劇橋段，也成了嗣後許多綜藝節目中，穿插戲劇表演（通稱橋劇）的先驅。

當年藝人上節目不像現在分工精細：梳頭、化妝、服裝、經紀各有所司，那時，我必須拎著兩大箱、裝滿各式服裝的行李到現場，看布景再與導播討論該穿哪套衣服搭配，化妝及梳頭髮也多是自己來，所以八點的通告，我一定六點就會提早到做準備。

臺視第一部電視小說「風蕭蕭」是我首次參加的電視劇演出，這是改編的徐訏的抗日小說，導播兼製作人朱白水，演員有江明、江霞、崔苔青、范家玲，我飾演以舞女身分作掩護的女間諜白蘋，戲分相當吃重。從主持到演戲，那時候的臺灣人，周一到周日幾乎每天都會在電視上看到我，我也忙得不亦樂乎！

伴隨著那個年頭國民所得升高，電視機架數爆增，我幸運地踏着這一波浪頭，很快地在群眾中打開了知名度，即使出現在偏遠的鄉鎮，也會有人駐足指指點點，在這個時期，我被平面媒體冊封為華人電視界「最美麗的主持人」，這個封號始終跟著我，直到今天。

老實說，這個封號對我來說，帶來了不小壓力，因為，我深深瞭解「美麗」不等於

「好看」，這是我學生時代主持校園活動時，便深植下的一種認知，那就是做什麼要像什麼，當一個主持人必須將自己融入節目，讓節目的精采，透過自己的表現，傳遞給觀眾，這樣，才算達成一個主持人的任務。只顧自己「好看」很容易淪為節目的花瓶。

不少觀眾寫信告訴我，他們很喜歡我的「臺風」，什麼叫做「臺風」呢？其實是一個相當抽象的名詞，在我的認知中，所謂「臺風」大概是一個主持人，在每一個節目中，除了天賦條件之外的專業投入吧！

一九七一年參加臺視連續劇「小城故事」的演出，男主角是丁強。

臺視春節特別節目中，我反串唐伯虎與飾演秋香的李璇同臺演出「三笑姻緣」，頗受好評！

春節特別節目中我女扮男裝反串梁山伯。

有一次參加臺視春節特別節目，表演京劇「梅龍鎮」，很幸運得到京劇名伶徐露的親自指點。

遠東十大巨星慈善晚會接受頒獎。

09

十大建設特別節目

資深電視製作人陳君天是我在
演藝圈時的良師益友。

每次回國，從桃園機場下飛機後，乘著車奔馳在高速公路上，與這片土地相關的過往記憶，就會像風一般迎面撲來。

在從事電視工作的歲月中，最讓我深刻難忘的，莫過於一九七五年（民國六十四年）的年終特別節目「國家十大建設」的綜合報導了。臺灣基礎建設的擘劃，其實早在五〇年代，老總統時代已經開始，到民國六十一年，蔣經國升任行政院長，才正式公布，這個時候許多工程的經費甚至還沒有著落，所以官方十分低調，加上十項工地分散全省，各臺新聞部著墨的也只是單項工程，而我們則以綜藝型態，為十項工程作完整的全紀錄，在當時肯定是空前的。

當製作人陳君天向我介紹整個節目的內容時，我的內心很激動，我想這大概是我出社會以來，第一次和國家的脈動連線，因為，我看著我們的國家，從五〇年代辛辛苦苦走過來，在此時此刻，作這麼大的投注，要的不只是勇氣，更多的是對這片土地的期待，這份期待，對全民而言便是一種希望，我，正是傳播這股希望的人。

外景工作排在十二月初，預計全程跑下來需要二十個工作天，當時電視公司還沒有ENG電子攝影機，是用十六厘米（mm）膠捲影片拍攝的，對於光的要求比較嚴格，天公不作美，二十個工作天有半個月風雨交加，尤其回到北部，像桃園機場已被迫停工，蘇澳港也大雨滂沱，但我們的行程不變。

我們扎扎實實地從北到南、從西到東，走遍了十大建設的工地。記得拍攝桃園國際機場那天，下著滂沱大雨，施工中的地面坑坑窪窪，拍攝人員扛著沉重器材往前跑，穿著牛仔褲及小短靴的我，沒想太多，拿著麥克風立刻追上，只是，沒想到跨出第一步，一腳竟踩進泥濘的水坑，根本來不及反應，慘了，新買的鞋就此報銷！

桃園國際機場工地，那時還看不到一根柱子，地面布滿了大大小小坑洞，我們思量著該如何拍攝，正好有兩位小朋友經過，製作人陳君天靈機一動，請小朋友和我一起，拿著幾塊石頭，埋進跑道上的坑洞，用稚嫩的聲音說著：「我們老師說，每一個人都要為國家建設出一份力量，以後飛機降落的跑道也會有我們埋的石頭了！」透過小朋友的純真話語，傳達對未來充滿希望，也藉此凝聚國人的心。

鐵路電氣化的採訪過程也一樣，那時鳳山段還在用大約翰挖掘機（Big John）鑽山洞，這是早期全斷面隧道鑽掘機的一種，運作時聲音又大又吵。電氣化工程是在山洞中加鋼鐵護套，將周邊包起來，但底下原來的火車還是能走，榮工處工人是在包起來的山壁中間爬進去工作，我那時也跟著塞了進去，到裡面要用喊的方式跟人溝通，我訪問裡面的一位渾身灰塵、年約二十五歲的工班：「師傅，你是什麼時候來上工啊？」，他用臺語大聲的說：「六點！」「你什麼時候下班啊？」「天光！」幾乎可以用「焚膏繼晷」來形容當時這些無名英雄工作實況，若是比做裁縫的話，電氣化工程不是在做新衣服，而是在改舊衣服，而且是穿在身上改，難度可見一斑。

拍攝蘇澳港建設時也是下著雨，我們到了工地現場，發現了唯一的女性工程師，她剛從成功大學畢業沒多久。她娓娓道來，剛結完婚沒多久就來到蘇澳港工地，因為工程進度緊湊，所以沒有假期，完全沒有時間回家，總是他的先生來蘇澳探班。這位年輕工程師的故事，為我們譜成「過年不回家的新娘」動人篇章。

辛勤拍攝工作告終，那一年的十二月三十一日跨年夜時，臺視播出這個特別節目「這一年」，顧名思義，這節目就是介紹這一年中的大事，而當年最重要的大事就是「十大建設」。還記得開場的畫面，首先是一段將動畫跟人結合的畫面，很多人靠在一棵樹旁，陽光炙烈、但因為樹有很多葉子可以遮蔭，樹下的人們說：「唉！真好！前人種樹後人乘涼啊！」接著我捧著一棵樹苗、對著鏡頭說：「各位觀眾朋友，我們正是種樹的一代！」那個時空背景下，動畫技術不如現在精細，但傳達的概念非常精準、令人動容。我們最初的想法就是想要讓人民透過鏡頭，明白國家正在奮發前進，因此捨棄空洞的口號包裝，注入真實的感情，希望能感染大眾，事實上，我們做到了！

我在做這節目時，覺得這些參與國家建設的都是了不起的英雄，我看著他們，心理充滿著敬意與佩服，那時也會跟著他們在工地一起吃便當、聊天，而他們也覺得驚訝，那個只能在電視螢光幕中見到、穿著長禮服的白嘉莉，竟能與他們並肩而坐、吃著便當，似乎也無形中鼓舞了他們。回頭想想，那時候國家不開始啟動的話，怎麼會有今天？我訪問的都是同樣生長在這片土地的人們，正努力的付出，用行動愛著國家、愛這片土地！

六〇年代那一波臺灣基礎建設，已經完工四十年了，我每次回國都會想起那年十二月，在風雨中出外景的往事，還有蔣經國院長念茲在茲的那句話：「今天不做，明天會後悔！」

之後我移居到印尼，每當我想起這段經歷，還是會感到熱血沸騰，那真是個輝煌的年代，大家的心凝聚在一起，為共同的目標而努力。每次我回來出席總統就職典禮或是國慶大典，也是希望能盡一份心意，表達對這片土地真正的愛，希望我們的國家能夠愈來愈進步，因為這裡是我生活長大的地方，不管走到哪裡，永遠會惦記著這裡的美麗景色、以及溫暖熟悉的人、事、物！

一九八〇年三月三十一日，我捐款十萬美金支票爲響應自強年運動，由時任新聞局長宋楚瑜代轉存入自強愛國基金。

一九七二年三月十八日僑務委員會高信委員長頒發海外發揚中華文化貢獻獎。（卓柏輝 攝）

AST TOP TEN

10

初識黃雙安

喜相逢

十九歲出道的我，十年來一路順遂，轉眼間我已經二十九歲了，演藝事業馬不停蹄，節目不停地開，友臺從沒有斷過念頭捧著大把鈔票來挖角，而我卻始終不為所動。然而，我也把時間全部花在工作上、沒有半點私人生活。那時候雖然有許多傳言，說國內外有很多人在追求我，但其實我的心思都放在工作上，始終是獨來獨往。事實上，以我當時的身分，想要培養一段感情，可說是難上加難，因為我不論走到那裡都會被一眼認出，甚至在電話裡頭，只要我一開口，聲音也會馬上被認出；因為大家太熟悉白嘉莉了！

二十九歲時，在民國六〇年代確實是已經到了適婚年齡，但我那時的事業如日中天，根本沒有時間談戀愛、培養感情。當時媒體報導有位洪醫師在追求我，他是名醫，在大眾眼中是個難得的對象。我們認識將近三年，媒體不斷臆測報導，但他工作之餘應酬很多，這些對我來說都不踏實，加上我們各自的工作實在太忙，彼此相處時間少、個性上又差異頗多，而我又是左思右想非常仔細慎重的人，於是我和他自然就漸行漸遠。後來知道他擁有相當幸福的婚姻，內心也非常的祝福。

當年臺灣藝人流行到海外作秀，不但邀約眾多而且酬勞也以美金計價，還能出國去透透氣，那時我也很心動，因為既可卸下日夜不休錄影的工作壓力，也可以暫時將媒體報紙上煩人又無解的感情事件拋諸腦後！於是我接下香港、越南、菲律賓、印尼等地的演出，此行一路演出都相當轟動，但不喜歡應酬、個性又過度保守的我，卻一直都沒有豔遇。

一九七七年夏天，行程來到印尼雅加達。登臺當天，看板上寫著斗大的字眼「歡迎臺灣最美麗的主持人白嘉莉小姐首度登臺」。我十七歲就在中央酒店主持工作，經常看到國際巨星們唱作俱佳的表演，所以這次在印尼的表演，也特別為滿場觀眾安排了將近一小時的舞臺秀。

除了七、八首中、英、日、拉丁歌曲之外，還有說故事、講笑話以及和觀眾進行互動的安排。記得最特別的橋段是，當我演唱「玫瑰玫瑰我愛你」這首歌時，我會拿著五朵玫瑰花，邊唱、邊走下舞臺，走入觀眾席，然後把手中的花送給觀眾，通常我喜歡把四朵玫瑰送給女性觀眾，剩下的一朵會選一位男士送給他，並且把他拉上臺，開開他的玩笑、製造歡樂氣氛。

這一晚，我又唱了「玫瑰玫瑰我愛你」，當我走到臺下隨機點中一位男士，送他一朵玫瑰花，然後拉著他、想請他跟著我上臺，萬萬沒想到被我點中的這位男士卻害羞不敢上臺，而在此同時，全場觀眾都站起來拍手大聲歡呼著，這讓我明白他一定是位名人，而他的舉動也讓我注意到他、留下特別的印象。

接著幾天，他都來看我的演出，夜總會老闆告訴我，他名叫黃雙安，在印尼有很好的聲譽；白手起家、單身、熱心公益，總是默默行善不張揚。雖然身價不凡，但卻沒有紈褲子弟的氣息，並且和林紹良、陳子興並列印尼僑界三大聞人。

有一天下午，中央社駐印尼的代表記者蘇玉珍帶我去黃雙安的公司參觀，發現他真的是以公司為家，睡在公司的小房間裡。我看到房間床頭都是電話座機，因為他隨時要聯絡印尼幾十個公司的分駐地點，看來他是個標準的單身漢加工作狂！

我也看到公司的牆面上，有許多單位送給他的獎狀，全都是答謝他的善心捐助的感謝狀，辦公室也收藏許多報紙的剪報，資料上也都是他做公益的報導。原來，這位害羞不敢上臺的男士，是個非常有愛心的單身慈善企業家。我發現，他除了在印尼、馬來西亞、大陸、韓國行善之外，也捐款給當年蔣夫人在臺灣創辦的「華興育幼院」。

當時臺灣因連續颱風肆虐，造成南部嚴重災情，媒體形容那些風災造成「二戰以來臺灣最大的破壞」，而當天我親眼看到黃雙安交代蘇玉珍，要她代為捐款給臺灣，但是不要用他的名字，因為那個時期的印尼，社會環境還是很敏感的。初次的交談留下良好的印象，讓我感受到黃雙安為善不欲人知、默默行善的一面。

一周之後，我要離開雅加達了。他對我說：「謝謝妳帶來這麼好的表演，妳有能力時也應該多幫助一些人。」這位海外華僑的智慧與愛心啟發了我，回臺之後，八月九日我毅然決然地將出國作秀全數所得及個人儲蓄捐出，響應災後重建救災，捐了兩萬美金。

由國民黨中央黨部社會工作會主任邱創煥公開接受我的捐款，我記得特別說了這段話：「希望能藉此拋磚引玉，讓社會各界都能伸出援手，也證明演藝圈的人不是唯利是圖、生活奢侈。我相信唯有安定、自由、民主的社會，大家才會有更好的生存環境。」這番話似乎引起了不小的迴響，各界熱心捐款，一些海外華僑也解囊襄助。

NEWSDOM (Sinwen Tienti weekly) NO.1541

新聞天地

天地間皆是新聞　新聞中另有天地

•第卅三年第卅五號•（總號一五四一期）•星期六出版•中華民國六十六年八月廿七日•

「台灣電視」歌星白嘉莉（右）響應政府災後重建救災捐款，八月九日上午以新台幣七十五萬元支票一張，呈交中國國民黨中央黨部社會工作會主任邱創煥（左），轉交政府有關機構救濟災民。

海山唱片
Haishan
RECORDS
白嘉莉
海山唱片基本歌星

中華民國六十一年／1972
海山唱片
Haishan
RECORDS
8 日 一 二 三 四 五 六
1 2 3 4 5
6 7 8 9 10 11 12
13 14 15 16 17 18 19
20 21 22 23 24 25 26
27 28 29 30 31
9 日 一 二 三 四 五 六
1 2
3 4 5 6 7 8 9
10 11 12 13 14 15 16
17 18 19 20 21 22 23
24 25 26 27 28 29 30
10 日 一 二 三
1 2 3
8 9 10
15 16 17
22 23 24
29 30 31
海山唱片基本歌星一 白嘉莉

11

震驚各界的抉擇

回想相識之初，黃雙安的善良給我留下極佳印象，回臺後，我和他一直以長途電話維持聯絡，雖然電話費用很貴，兩人卻總有聊不完的話題；從他小時候離家逃難，聊到森林裡以一刀一斧砍出一片天；從彼此忙碌的工作近況，聊到他許多年來所做過的慈善，他總是說：「太多人過得比我們苦，舉手之勞可以幫助別人，為什麼不做呢？」

頻繁的聯繫加深了彼此的瞭解，我愈來愈覺得他是一個難得的好人，和我過去接觸的很多朋友是完全不一樣的典型。我們之間的情感悄悄起了變化，對彼此的思念也一天比一天深！

雖然我在電視臺的工作依然忙碌，但緣份來了，似乎一切都擋不住。僅短短一段時間後，我毅然決然地買了機票飛往雅加達，在當時，除了家人以外，沒有任何人知情，而我甚至連節目存檔都沒有錄！

大家都說白嘉莉是超級謹慎的猶豫小姐，我這個連左腳跨出去，都要想著右腳落點在哪兒的AB型雙魚座女生，卻在抵達雅加達後的十五天，決定和黃雙安閃電結婚了！

許多人問我，為什麼選擇黃雙安，而不是其他人？原因其實很簡單，因為黃雙安他單身、勤奮工作、充滿愛心！雖然我那時二十九歲，他四十六歲、兩人相差了十七歲，可是我十分渴望進入婚姻、希望有知心人疼愛著、陪伴著，過正常平凡而幸福的家庭生活，所以，決定閃電結婚前我只詢問了媽媽的意見，她說，尊重我的選擇！

我明白緣份來了要把握，我再也不能猶豫不決了，於是做了這輩子最快速、也是最重要的決定；毫不戀棧地選擇離開辛苦經營達十年、聲勢正如日中天的影視圈，也遠離了親朋好友，落腳在遙遠的南太平洋陌生國度——雅加達，嫁給認識才短短一段時間的印尼華僑——黃雙安。事隔四十二年再回想，我必須承認當下確實很衝動，但也不後悔這個改變我一生的重大決定。

黃雙安的事業非常忙碌，我們沒有時間舉辦婚禮，但我是個非常守舊的死腦筋，沒婚禮沒關係，我也不想大肆張揚，但結婚登記是一定要辦的，否則不能住在一起。後來我們選擇在一個小島辦理登記，我的媽媽和比爾叔叔特地從澳洲飛來，見證了我們的婚姻。媽媽一直是我人生最大的精神支柱兼良師益友，她來印尼陪我，讓我心裡踏實許多。

不過，在小島上排隊等候婚姻登記時，我望著大海藍天，看著四周陌生的人群，說的全是陌生的語言，我突然一陣恐慌，感到非常害怕、非常後悔，超級謹慎猶豫小姐又回來了，我當時很想轉身就逃走，拉著媽媽的手，心裡感覺慌得不得了，不停問她：「我可以結這個婚嗎？這個人真的可以託付終身嗎？」就這樣，一、兩個小時的等候時間，成了我內心天人交戰與重複掙扎的漫長時光，我說：「不要結了，我要回臺北！」眼看一場逃婚記就要上演，比爾叔叔不禁大驚失色喊出：「What？」。

我一直耗在婚姻登記所外面，拖延進去登記的時間。知女莫若母，媽媽看出我的恐懼、害怕與不安，她用穩定寬厚的語氣安慰我：「他是個好人，真的很不錯，多看他的優點吧！」黃雙安看著我們母女倆窸窸窣窣低語，似乎也察覺出異狀，但他仍然堅定地站在那裡等著我、沒有棄守。最後，我終於決定賭一賭，不做落跑新娘，完成了結婚登記。

半個月後，臺灣報紙才登出〈森林王子銀河摘星，白嘉莉閃嫁印尼富商黃雙安〉，這個保密到家的天大新聞，當時可說是震驚影劇圈、轟動全臺，電視臺從高層長官到製作人全體崩潰，因為我不告而別，節目沒有任何存檔，只好一再重播舊影片，苦苦等候我的歸來，並且透過所有的管道聯繫我，希望我能繼續回臺擔任主持工作，但終究，「最美麗的主持人」十年的影視傳奇，就此畫上句點，留給觀眾深深的錯愕和無限的思念！

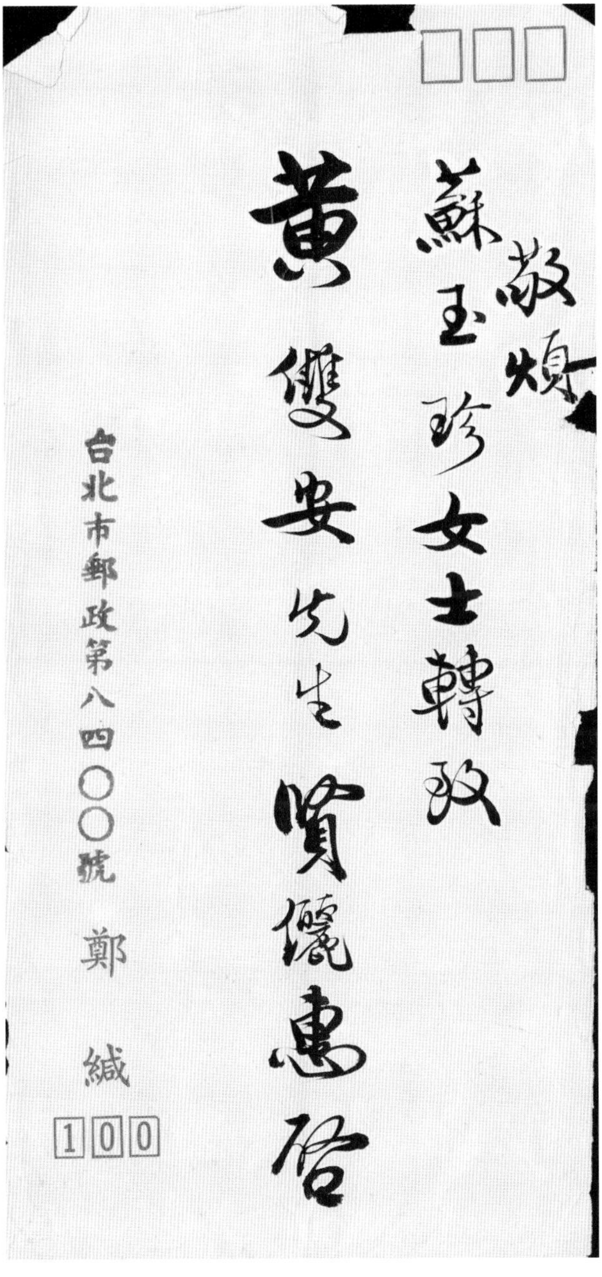

剛跟雙安結婚沒多久，總統府資政鄭爲元將軍，當時擔任中華民國臺灣警備總司令兼臺灣軍管區司令，特別請中央社駐印尼的代表記者蘇玉珍轉交祝賀信予雙安及我，蒼勁俊逸的筆跡及儒雅佳句，令人感動。

燮安先生惠鑒　比獲鵲訊八月廿日與
白沙小姐締結鴛盟　吾
兄英華俊茂　卓爾不群　白小姐秀慧
逸倫　亭毓特立　運佳
千里緣牽　百年式好
花開並蒂　帶結同心　曷勝忻賀　隨
奉微儀　聊申
月朗河清　舉案齊眉之祝　外而移

為元用箋

以愛國情操公益是尚於承工商合
作支持團結旅印僑胞功不可泯欽
遲彌既並此簡牘祗頌
燕禧
附奉賀礼

鄧為元敬啟 九月 日

為元用箋

12

緣與分

白嘉莉與黃雙安鶼鰈情深。

有人喜歡說「緣定三生」，但我更相信：「緣」是天定，「分」在人為。比如您看到了這本書，我和您之間就有了「緣」；我努力促成這本書的誕生，就是在經營「分」。「緣」和「分」一經結合，我們就有了「緣份」，就能一起分享生命的點滴。

同樣道理，男女之間從相識到相愛，需要「緣」，也需要「分」。有「緣」在牽、有「分」在養，才能地久天長。我珍惜和雙安的這種「緣」，我也努力營造這種「分」。

有人用「先生」、「太太」稱呼朝夕生活在一起的人：臺灣人、閩南人用「牽手」稱呼彼此，福州人用「厝里」稱呼太太，還有「另一半」、「那口子」、「喂」、「老公」、「老婆」……五花八門不一而足，但我確實喜歡大陸剛解放時大家所用的「愛人」這個詞，因為被稱的那一位，確確實實是你最愛的人。

一九七七年，我離開臺灣到印尼，開始了人生的另一個篇章。這同時也是改變我一生的際遇，因為在其中，我學到了生命的功課。

當年十一月十三日，是雙安的生日。我在臺灣長大，從小家裡和周圍的朋友們都很注重自己的生日，我想雙安應該也一樣。

早上，我特意買了一個生日蛋糕放在冰箱裡，想與他一同慶祝。沒想到，晚飯都吃完了，他還沒有提起「生日」這件事，我想，可能貴人多忘事，他把自己生日給忘了吧，於是就去廚房點上一根特意買來的紅色蠟燭，再和蛋糕一起端出來，放在他面前。

他看了看蛋糕又看看我，問了一句出其不意的話：「誰死了？」

我愣住了，怎麼會問出這句話？喔！我知道了，連忙說：「這是我送給你的生日蛋糕，你看看，是紅色的蠟燭！喜氣呀。」

接著我教他，閉上眼睛許個願，然後一口氣吹滅蠟燭。

雙安開始吃蛋糕，吃得很慢，若有所思。吃完蛋糕，他說了一句令我終生難忘的話：「這是我第一次吃自己的生日蛋糕。」

我真不敢相信，一個事業如此成功的人，居然是第一次吃自己的生日蛋糕！而，這是他第四十六個生日啊！他過了四十五個沒有一點祝福的生日！

也就是那一晚，他跟我講了許多他不為人知的辛酸故事，也就是那一晚，我立下一個心願，從此以後，我要年年給他過生日，並且，要用我的一生，傾聽他的故事，走進他的內心。

第二年的十一月初，我早想到他不會記住自己的生日，這次得給他一個驚喜。於是，悄悄向他的祕書打聽他平時交往的好朋友名單，然後親自一一打電話，邀請他們務必在十三日下午六點前到我們家吃晚餐，重要的是，不要告訴當事人，不要走漏風聲。

接連幾天，我興奮地安排一切，請希爾頓飯店（Hotel Hilton）派人來家裡安排很多好吃的菜餚及糕點，尤其特意布置了許多漂亮的鮮花。

到了他生日的前一晚，也就是十二日那天晚上，我心中突然感到不安，雙安做事一板一眼，他不是一個能夠接受驚喜的人，萬一他在許多朋友客人面前表現出不高興，讓我下不了臺，那該怎麼辦？考慮再三，算了，別給他驚喜吧，我鼓起勇氣對他說：「你知道明天是什麼日子嗎？」

「不知道。」他回答。

我說：「明晚我想請一些你的好朋友來家裡吃晚餐。」

「不要不要，妳千萬不要亂來！」

我的心立刻揪在一起，從來沒有人敢這樣凶地和我說話！倒吸一口氣，我撫平情緒，盡量心平氣和地說：「明天是你的生日，我想為你辦個生日宴會……」

「絕對不可以！這裡是印尼，不是臺灣，凡事要低調。」

我的心裡百感交集，一番美意眼看就要化為烏有，心裡酸酸的，卻故作平靜地說：「好吧，既然你不喜歡，我就想辦法取消。」

但嘴上說得輕鬆，心裡卻萬般沉重。我該怎麼向那些德高望重的朋友們開口呢？說宴會取消了，叫他們不要來？我感到委屈，眼淚不聽使喚地流了下來。

過了一會兒，他過來拍拍我的肩膀說：「算了，既然已經邀請了大家，就照辦吧。以後不要隨便自作主張，安排事情。」

十三日的那一整天，我都不知道是怎麼過的。

但是晚上的宴會，大家都很開心。酒店的人員很會設計，屋內每張桌子、每個角落都擺滿了漂亮的鮮花和氣球，後院安裝了許多豎立的火把，熊熊火光跳躍著，把夜空點綴得溫馨浪漫，游泳池裡漂著許多小盆的蠟燭和鮮花，五人樂團的成員穿著印尼傳統BATIK服裝，彈著吉他、拍著豎鼓、搖著沙鈴，唱著富有情調的民俗歌曲。

等送走了所有的客人，雙安跟我說：「太好了，妳安排得很好，下次再舉辦……」他的話還未說完，我立刻回應：「不會再有下一次了！」哈哈！終於出了這口氣。

之後當然，每年都有不同的、意想不到的、驚喜的生日宴會在等著他。

這些年，許多親朋好友都記住了他的生日，爭相為他慶祝生日。我很感謝大家對他的厚愛。一個前半生從沒過過生日的人，後半生好好地過也是應該的。

辦完生日宴會後，我們在家門口一起送朋友離開。

一九九五年，和雙安應邀回國參加國慶晚會及特別節目，當時非常受歡迎的瓊瑤電視劇小生林瑞陽前來接機獻花，聽聞林瑞陽改行經商已成爲成功企業家，心裡爲他感到非常高興！

一九九六年回臺參加李登輝總統就職大典，聯合報特別安排當時剛從國外回來的才女陳文茜及我，進行一場關於我們的人生觀、愛情、婚姻的對談，氣氛輕鬆融洽。（郭東泰 攝）

一九九六年受邀回國參加李登輝總統就職典禮。就職晚會由當時最受歡迎的張小燕（右）及曹啓泰（左）共同主持。

回臺參加國慶大典時，我的好友知名電影明星金漢（左）及凌波（右）伉儷，與他們的兒子畢國勇一同前來相聚敘舊。

回國時與華視新聞主播李艷秋小姐相見歡。

應邀回國參與國慶晚會，與好友張小燕（左）及翁倩玉（右）共同出席。

每次到香港都會與好友林青霞（左）、謝玲玲相聚。

13

繪畫天地 任遨遊

張大千大師常邀我至「摩耶精舍」用餐，餐畢偶爾即興揮毫，送畫給我，並說要教我畫畫。

古人有詩：「對酒當歌，人生幾何！」我則要說：「人生幾何，繪畫唱歌。」剛來到印尼時候，人生地不熟，雙安又整天忙於工作，我的時間難以打發，想看本書報雜誌，當時的印尼又限制中文，連一份中文報都看不到。精神食糧極度缺乏的情況下，感到萬分苦悶。每天打電話跟媽媽訴苦，於是媽媽就建議我：「妳可以畫畫呀！」

是的，我可以學畫畫。我本來就喜歡色彩，人家常問我，妳喜歡什麼顏色，我的回答永遠是，什麼顏色我都喜歡。上帝造物多麼奇妙，山有山的顏色、水有水的顏色、花有花的顏色、草有草的顏色，不只如此，它們還姿態各異，早晚、晴雨、一年四季也風味各不相同。

過去做節目時，張大千先生因喜歡我的節目，常邀我至「摩耶精舍」用餐，餐畢偶爾即興揮毫，送畫給我，並說要教我畫畫，那時因工作忙碌、無暇受教，但目睹國畫大師在紙上簡單幾筆，就生龍活虎揮出一幅生動圖畫，實感羨慕，總希望有朝一日也有如此功力。

如今媽媽勸我學習畫畫，讓我回想到那時的心動，因為，我既不愛打牌、也不愛出門找朋友聊天，畫畫倒不失為「宅女」排遣時間的出口。

那時候有幾位太太，也都同樣面臨先生事業忙碌的狀況，於是大家便相約，每次輪流去一位朋友家，請老師到家裡來教畫。學到後來，我便跟一位梁太太，固定去一位仇老師家學畫，仇老師年事已高，但卻十分擅長畫工筆畫，儘管眼睛不好，但他閉著眼也能畫出美麗的玫瑰花呢！

我們兩人坐一部車，每次總要耗上一個多小時才能到老師家。老師教我們畫花鳥時，印象最深的，是他一直叫我們刷羽毛，刷了又刷、刷了又刷；老師說，即使是淡墨，也要反覆上色才行。有一次臨摹大千先生的仕女圖，我自以為得意的把作品拿給老師看，老師卻說，頭髮還要再畫，我說已經上色好幾次了，老師仍舊堅持，一定要刷五十次才算完成！

因為雙安屬猴，有一年，我花一年時間，臨了一大一小兩幅齊天大聖圖，預備送給雙安當禮物。畫作完成後，正巧臺灣請我回去參加節目，於是我帶著畫作，打算請秦孝儀先生題字，從印尼搭乘國泰航空直飛香港的班機，下機時卻忘了帶下，因此遺失了那兩幅畫。之後雙安一直要我再畫一幅給他，但我畫風已變，始終沒有再畫給他。

我喜歡畫花，我覺得每朵花都像女人的一生。我的花，常是取材於自己別墅院子裡種的植物，每當花朵盛開，我就把它們拍照存下，留待日後做畫參考。印尼就像是個熱帶花園，植物種類繁多，所以我永遠有畫不完的題材。有時候，我的花是心中的花朵，反映了我對生命與美的追求和嚮往，心中的花朵有時更美過現實的花朵。

學畫的過程也有一些難忘的經歷；聯合報系創辦人王惕吾先生，是我尊敬的王伯伯，他每次得知我回國，都會宴請畫家與我一起共餐，並要求每人帶一幅畫來送我，梁丹丰女士就曾送過我一幅二十尺的水彩畫，我一直珍藏至今。

出席畫廊博覽會

一九九八年十一月，臺北主辦「臺北國際藝術博覽會」，畫廊協會祕書長陸潔民邀請我擔任藝術大使，為預展晚會剪綵。那次受邀的還有智利著名畫家羅貝托・馬塔（Roberoto Mata），及日本前衛藝術家草間彌生（Yayoi Kusama）。

與兩位藝術家合影留念的時候，草間彌生令我印象深刻，她穿著自己著名的圖案標誌，重覆的圓點與鮮豔的色彩，那天一襲鮮黃黑點的寬袍及寬帽，正是她參展的作品——

醒目的大南瓜。

草間彌生曾在美國紐約居住多年，發表無數令人印象深刻的作品，涵蓋繪畫、雕塑、環境藝術等。她的代表圖案，那重複的圓點，與鮮豔色彩結合的結果，是創造出叢林般無止境的幻境。她一直有精神異常方面的問題，雙眼給人銳利的感覺，非常的特立獨行。

馬塔一九一一年出生於智利的聖地牙哥，後來赴巴黎、美國習藝，結識兩地超現實主義藝術家如達利、高爾基等人，崛起於藝壇，四〇年代，他致力於巧構一個科技時代的圖像神話。五〇年代更描繪太空世界的奇異特色，是一位童心未泯又率性的畫家，二〇〇二年聽到他辭世的消息，令人惋惜。

記得在臺北的時候，我住君悅飯店（Grand Hyatt Hotel），馬塔突然來按我的門鈴，當時我請他稍候，讓我換件衣服，五分鐘後等我打開門的時候，只見老先生在門外待得無聊，就在飯店門上作起畫來，我本來以為這扇門可能成為無價之寶，沒想到第二天，飯店就連夜清除，真是可惜！

一九九八年十一月「國際藝術博覽會」由臺北市主辦，畫廊協會邀請我擔任藝術大使，為預展晚會剪綵，與時任臺北市長的陳水扁（中）及日本前衛藝術家草間彌生（右）合影留念。

一九九八年十一月臺北市主辦之「國際藝術博覽會」，智利超現實主義藝術家羅貝托・馬塔 Roberto Matta 也受邀參展。

與張大千大師合影。

與張大千夫婦。

澳洲雪梨大橋旁作畫。

二〇〇五年，南亞海嘯發生後，爲響應新聞局送愛心到南亞「一萬個希望」賑災活動，雖然我人在澳洲，無法趕回，但我仍捐出我的畫作義賣，參與這項活動。

雖然原作「齊天大聖」工筆畫已經遺失，但看到當時翻拍的照片，我感到不勝唏噓。

一九八二

14

高牆裡也有春天

二〇〇九年我也特地去桃園監獄探訪，並且
致贈加菜金，聊表心意。（張兆輝 攝）

明信片書
發表

「送你一份愛的禮物，我祝你幸福；不論你在何時，或是在何處，莫忘了我的祝福……」

當我踏進桃園監獄高高的圍牆，裡面傳出了歌聲，是我當年唱過的國語歌曲。聽到那熟悉的曲調，眼前出現了穿著桃園少輔院白圓領衫、藍夾克、卡其褲的孩子們，他們神情雀躍地歡迎著我的到來，還沒坐定，我的眼淚就奪眶而出；這群眉清目秀卻誤入歧途的孩子們感動了我。

回想四十多年前的自己，也是因家庭破碎而提早進入社會，但感謝上帝，我沒有遇到壞人，以致沒有走上歧途，看著這群稚氣未脫、十幾歲的孩子，多麼希望當他們走出圍牆的時候，能夠從錯誤中得到教訓，不再徬徨迷惘、重新做人，也希望社會能以寬容和愛心接納他們，給年輕的生命一個機會，重新在社會上立足。

那是二〇〇九年的一月農曆春節前，我特別回國與警察遺眷過年，並為桃園少輔院寫作班頒獎。

與少輔院寫作班結緣於二〇〇八年，當時我送了一盒有我繪畫作品的明信片給曾任職於民生報的記者歐銀釧，她那時候在少輔院寫作班擔任指導老師。歐銀釧把明信片送給了學生，指導他們以明信片上的畫作為寫作題材。

其中一名學生——小奎，以我所繪一幅「切開的木瓜」為題材，寫了一句詩，歐銀釧念給我聽：「這幅畫好像是好多好多孩子在媽媽的肚子裡，好溫暖啊！」簡單的語句帶出多麼深切的孺慕之情，小奎一定在想念著媽媽，就像我想念那時剛過世的母親一樣，那樣地深、那樣地濃。是的，我深受感動，決定捐出一筆款項，以我的畫作配上孩子們的詩作，印製成三千套明信片，送給受刑人和大眾。

這套明信片印刷很美，孩子的文字詩句更是感人。在一幅黃色蘭花的圖上，一個孩子寫著：「樹林、花朵、天空、白雲……我多麼想把眼見的風景放進明信片裡，一個字牽著一個字寄給你……」他是在思念外面世界的誰呢？初戀情人？心儀女生？還是他渴想牆外樹林天空的心？

另一幅粉色蘭花的畫作下面，署名弘弘的孩子寫著：「玫瑰代表愛情、康乃馨代表母愛，蘭花微笑了，在花間、在雲端，向你靠近。」又是一顆傾訴的心，牆裡的人情感多麼豐富，心，是禁錮不住的啊！

在香水百合作品下，周偉寫著：「穿越海洋山脈，你是一朵故事花，用麵團揉出來的想像花，帶著希望，在身邊。」如此豐富的想像力，很難相信是出自輔育院裡的孩子們的手筆。他們失去了在自由天地裡遨遊、受教育的機會，但他們渴望愛與希望的心，是一樣的，甚至會比高牆外的孩子還強烈，因為他們失去過。

這套「二〇〇九，在愛的時光」完成時，我特地飛回臺灣，與少輔院寫作班孩子及桃園監獄收容人見見面！在少輔院成果發表會上，除了致贈了三千套繪畫明信片以外，我也送了加菜金給孩子們，希望他們能過個豐盛快樂的新年，而他們也送給我，自己親手做的勞作：兩隻螃蟹，寫著有趣的話：「大螃蟹大誠意。小螃蟹小心意。」人家說千里送鵝毛、禮輕人意重，收下這兩隻勞作螃蟹，對我的意義重大；誠意溫暖了我的心，心意也濕潤了我的眼眶。

少輔院寫作班的孩子們，送給我他們自己的親手作的勞作兩隻螃蟹「大螃蟹大誠意、小螃蟹小心意」他們的誠意溫暖了我的心、也濕潤了我的眼眶。（張兆輝 攝）

二〇〇九年，我特地飛回臺灣與少輔院寫作班的孩子們共度新年。（張兆輝 攝）

能受邀參加歲末關懷因公殉職警眷及善行義舉員警活動，
對我意義格外重大。（張兆輝 攝）

我被譽爲「警察之友」，因爲我熱愛臺灣，尤其覺得身爲人民保母的警察實在很辛苦，希望大家能多多支持警察。（張兆輝 攝）

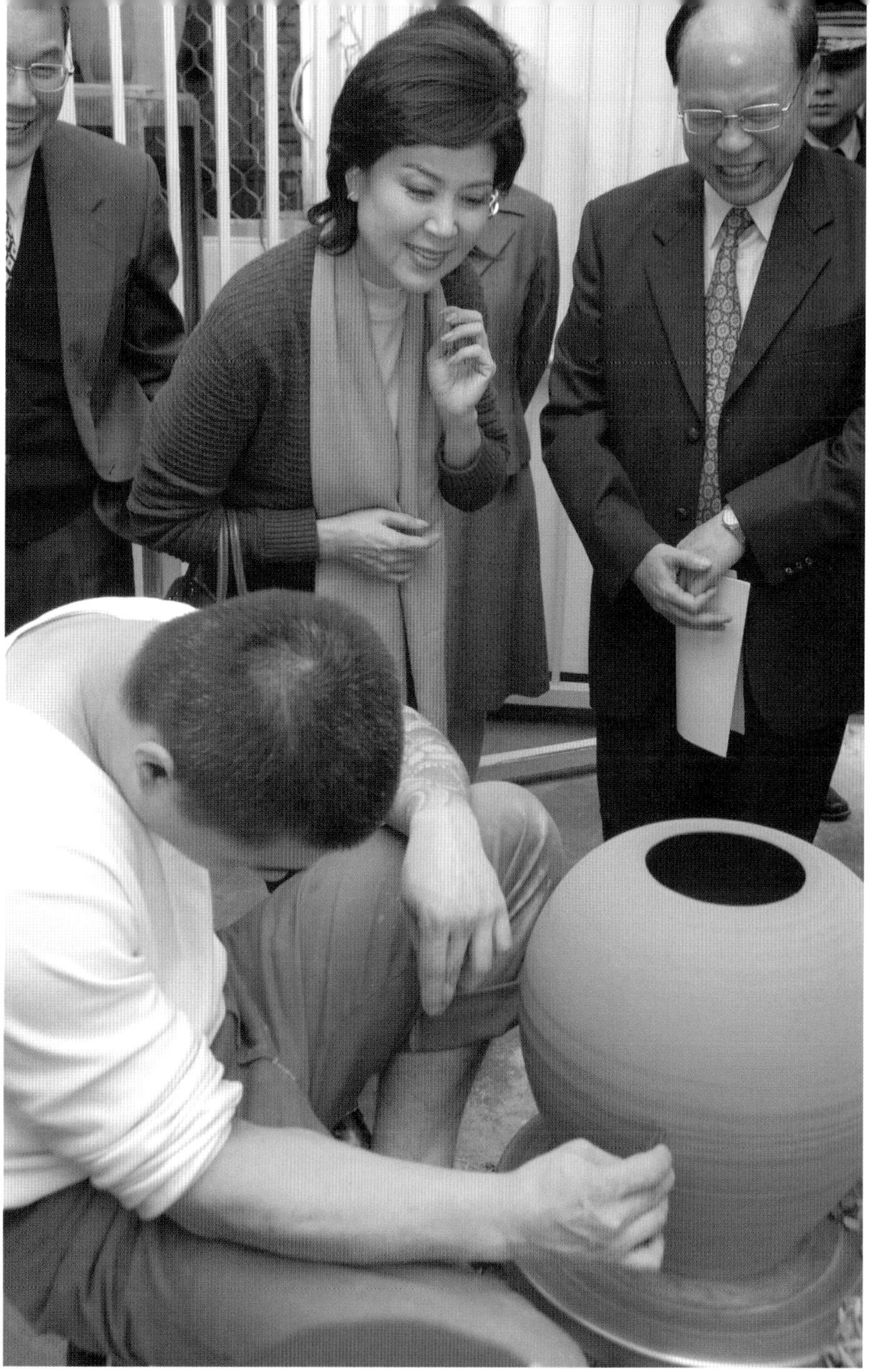
探訪桃園監獄時，我也參觀了裡面附設的陶藝班。（張兆輝 攝）

二〇〇九年，內政部與我共同舉辦了「關懷因公殉職警眷及表揚善行義舉員警」活動，很榮幸能成爲他們的「警察之友」。（張兆輝 攝）

每次回臺灣我都會撥空前往不同的長青機構探視長輩們。（張兆輝 攝）

同時擔任頒獎人，發給相關遺眷及警察紅包，期望讓犧牲奉獻的警察遺眷過個溫暖的年。（張兆輝 攝）

雲南省旅遊局邀請我擔任雲南旅遊學校榮譽校長，與獲得「白嘉莉獎學金」的優秀學生合影。（張兆輝 攝）

月亮從我心裡升起

這是我發表在二〇〇九年三月號「幼獅文藝」上的文章，文章的配圖是我的水果靜物繪畫。

「那木瓜裡的好多籽籽，像是許多孩子在媽媽肚子裡，好溫暖啊！」這是臺灣少輔院的一個孩子看了我畫作的一句童言童語。

二〇〇八年秋天，少輔院寫作班的歐銀釧老師在電話裡告訴我，孩子從畫中觸動對母愛的渴望。

沒想到我的一幅小小明信片畫作，竟獲得這樣溫暖的回應，真讓我久久無法忘懷。

少年的聲音好像就在耳邊一樣，繞了整個秋天，也牽引著我思念母親的情感，心想「如果有機會，希望能和那純真的孩子見一面。」

認識歐銀釧女士是在二〇〇八年春天，我回臺灣時，亞洲周刊總編輯邱立本先生介紹我們認識的。她送我兩本書《生命的裁縫師》和《二〇〇八，在愛的時光》年曆筆記書。邱立本告訴我，歐銀釧在監所當義工老師，教澎湖、嘉義、桃園的受刑人和少輔院的孩子寫作。

我迫不及待的翻開書，讀著他們的心聲。

「六月的山豬：六月，我要回玉里，山上的溪流有魚；六月，我要坐火車回花蓮；六月，山上的山豬正在狂吼。六月，我在回家的路上。這是最後一堂牆壁裡的寫作課，捨不得老師，捨不得同學。可是，玉里等著我，我要回到山裡，回到樹林裡。」這是一位署名為「順子」的作品。聽說他在桃園監獄待了多年之後，終於返回故鄉花蓮，臨行前依依不捨寫了這篇短文。

對「順子」而言，六月是思念，六月是希望，六月是歸心，六月是金黃色的溫暖。而我面對六月，又將是時光如水的流去，心裡漂浮許多漣漪……。

二〇〇八年夏天，我讀到丘秀芷女士主編的一本書《人生是一場馬拉松》，裡面收錄了歐銀釧的一篇散文〈一百三十七個月亮〉，記述一位關在鐵窗裡的澎湖鼎灣寫作班的學生「亭」，歷經十多年的時光「追月」。來自香港的受刑人「亭」寫了〈追月之旅〉，他寫道：「對於像我這樣住在牢房的人而言，一點點月光都是極致的驚喜。十二年了，未曾沐浴在月光下。」這篇散文獲得澎湖文化局舉辦的首屆關懷文學獎「佳作」獎。在監所的頒獎典禮上，歐銀釧帶來的紙月亮和全場人士的愛心，有如月亮，讓作者「亭」感動得轉身拭淚。後來，「亭」假釋回香港，在超市當工人，他在做工之餘，繼續讀書，寫作。

我在安靜的夜裡為雙安朗讀〈一百三十七個月亮〉。

書裡，編者丘秀芷寫道：「歐銀釧一直為高牆裡的『同學』做心靈工作，教他們寫作，十一年了，把月亮的光芒帶給受刑人。〈一百三十七個月亮〉映照人心月滿光華。」

十一年了！我這才知道從一九九七年在澎湖鼎灣監獄設立全臺灣第一個監獄寫作班，歐銀釧女士邀集文化圈的友人已做了這許久的義工，這個以澎湖縣花「天人菊」為名的寫作班，從澎湖擴展到桃園，從成人監擴展到少輔院，每年還出版學生作品，捐出售書所得，十年共捐出百萬元，交由臺中家扶中心，幫助九二一地震中失去家人的孩子。

銀釧女士的創意和用心耕耘的做法，像晨露一樣，既美麗又滋潤孩童們的心田，我被她感動了。

「這些都是用生命寫出來的。」雙安說：「回臺灣看看他們。大家都是月亮，照映著彼此。」

一月，你們都在嗎？一月我將回來，一月我要見你們，拉拉那可愛的小手。一月是我最美麗的旅程。

月亮從我心裡升起，讓我們徜徉在月光之中，享受人間溫暖。二〇〇九年的一月，新年的開始，春節之前和大家團聚，等著我！

15

音樂滋潤我心

張兆輝 攝

我們常用「生命像一首歌」來形容生命的美好。我則要說生命因樂聲而美好；試想生活中若「仙樂飄飄處處聞」是何等幸福的事。

我喜歡音樂，有我的地方，就有音樂。看書聽、畫畫聽，連雅加達居所的院子裡都有音響，讓我能隨時聽音樂，但後來那套昂貴的音響，大概是被隔壁裝修工人偷走了，本想報警，但雙安說：「不必報警了！免得麻煩。反正妳也用過了，就讓他們也用一用吧！」

有人問過我喜歡什麼樣的音樂？我的回答是，沒有什麼音樂是我不喜歡的。古典樂、現代樂、流行歌、美國爵士、法國香頌、中國梁祝，我都喜歡。音樂能怡情養性，快樂的時候聽音樂會更快樂，悲傷的時候聽音樂可化解憂傷，當然也有人說，孤獨的時候聽音樂會更孤獨……

以前，雙安工作忙，在座車上也不停講電話談公事，我勸他放輕鬆一點、聽聽音樂可以調劑心情，於是他也開始喜歡在車上聽音樂了。他愛聽國語老歌、臺語歌和中國大陸民族風味的歌曲，如青康藏高原一帶的民歌，帶有草莽豪放的情懷，跟他的個性很接近。有一年回臺灣，朋友送了一套國語歌曲演奏版CD，有當年膾炙人口的流行歌「哭沙」和「其實你不懂我的心」用小提琴和薩克斯風演奏著，特別有韻味。

我在澳洲雪梨的公寓，陽臺望出去就是遊艇俱樂部。每年的聖誕節，在當地是夏天，都會有遊艇比賽，附近鄰居都會在陽臺上開派對宴客，氣氛好歡樂熱鬧！我從外面回來，進到屋裡，一定是放帕華洛帝的義大利民歌，那亮麗高亢的美聲，將氣氛推到最高潮。

一顆喉糖的溫柔

李登輝總統時代，有一年受邀請回臺灣參加雙十國慶活動，正好總統府有音樂會，我也受邀參加。那一天因為旅途舟車勞頓，我又患著重感冒，身體極不舒服，現場有電視轉播，在鋼琴家演奏的時候，全場安靜聆聽，而我一直想咳嗽，但怕失禮，忍到眼淚都出來了。旁邊坐著的是當時的央行總裁許遠東夫婦，許夫人發現我忍著痛苦，悄悄從皮包裡拿出一粒喉糖，遞給我潤喉，暫時解了我的危機。

中場休息期間，我趕快跑到洗手間咳個痛快，並稍做整理。

由於開場前，時任新聞局局長戴瑞明先生有特別向總統介紹我是愛國藝人，這次專程趕回來參與盛會，但因為我離席去洗手間，聽說總統中場休息時，見不到我的人，還特別問了：「白小姐人在哪裡？」

回印尼不久，看到電視新聞說許遠東夫婦搭乘飛機遇難，不幸雙雙身亡，想到許夫人的善良體貼、細心溫柔，我的心裡萬分難過，不禁眼眶泛紅，那一粒喉糖的滋潤，仍然留在我的口中與心上。

聯合報

白嘉莉 座上客 介壽館 昨夜閃閃生輝！

仙樂與仙子，上下交相美——

◎星座圖上，美麗的邂逅——

李總統見到她：妳眞是一點都沒變。總統夫人還提議，改天一起打高爾夫球——

記者張伯順／總統府介壽館報導

「妳眞是一點都沒變！」

「謝謝總統的誇讚。」

最美麗的主持人—白嘉莉，昨天出席了總統府介壽館音樂會，不僅是李總統伉儷的貴賓，也成為台下的美麗焦點。音樂會中場休息時，李總統親切地和白嘉莉握手寒暄，一見如故，除了直稱讚白嘉莉容貌如往昔，還詢問旅居外國生活現況。

「我常在家畫畫……」白嘉莉告訴李總統她家居印尼，常以自習工筆休閒；不料李總統笑著說：「我知道妳住在印尼，但是那個城市呢？」

受到李總統殷切詢問，白嘉莉感激在心。事實上，她揮別演藝舞台後，經常參加公益事業，樹立良好形象，此次返國參加雙十國慶活動，理所當然地成為總統府音樂會的座上賓！昨天，風姿綽約的她，攫獲全場貴賓的目光。

「這套服裝我昨天在電視上看過。」總統夫人曾文惠女士也對白嘉莉說，觀賞前晚華視節目讚美白嘉莉一身的套裝端莊而且漂亮，昨晚，在熙攘的貴賓休息室裡，兩人開懷談笑；由於各方面報導都說白嘉莉高爾夫的段數頗高，曾文惠女士所以提議，擇日找個機會一起打球呢。

曾經在影視工作崗位上大放光采，白嘉莉婚後是否有機會接觸嚴肅音樂呢？她坦誠說印尼的古典樂表演活動較少，倒是常在澳洲聆賞精采演奏會，雪梨歌劇院和音樂廳等場所，均留下足跡：「我有個十二歲小姪女，小提琴拉得一級棒，我曾經專程赴澳洲給她演奏會捧場呢？」

生平首次踏進總統府，白嘉莉一直難掩興奮；可惜由於身體不適，感冒一直沒好，音樂會上半場不時拿著紙巾，強忍不要咳出聲來；中場休息時，她先獨自靠在牆角一處猛咳不已，令旁人看了憐惜，有位貴賓主動遞喉片勸她服用，在溫暖的人情包圍裡，一些女性賓客趨前問候她時，總不忘先讚美一句：「白嘉莉妳眞漂亮，一點都沒變！」

⬆最美麗的主持人——白嘉莉，昨天出席了總統府介壽館音樂會，不僅是李總統伉儷的貴賓，也成為台下的美麗焦點！（中央社／攝影）

剪報照片中坐在我左側的即是遞給我喉糖的許夫人，至今我仍感念她的溫暖。

一九八五年回國參加金鐘獎，應邀到電視臺接受費翔（左）與 王芷蕾（右）的訪問。

一九九五年我與好朋友凌波姐（左）及旅日紅星翁倩玉（右）連袂返臺，接受僑委會頒發「華光一等獎章」。

二〇一〇年，我受馬英九總統邀請回國參加國慶大典。

每次到日本旅遊，好朋友旅日紅星歐陽菲菲（中）都會熱情地招待我們到別緻的日本餐館相聚用餐。

第四十屆亞洲影展於印尼雅加達舉辦時，與臺灣藝人楊貴媚（左）、劉若英（右二）、張本渝（右）相見歡。

16

生活是藝術

每年我都將畫作製成桌曆，二〇一一年回國時，
特別送給時任國立故宮博物院周功鑫院長（中）及
「聯合報」發行人王效蘭女士。（張兆輝 攝）

過去，有一首國語歌「生命如花籃」很流行。這首歌的第一句就唱著：「生命如花籃，需要花裝扮。」我很想說，生活也如花籃，需要花裝扮。在我居住的環境裡，隨處可見到花與裝飾。沒有一個角落、一間屋子沒有花，沒有一面牆壁、一個房間沒有書畫和藝術品。

用點心思，食材、食器也可以是藝術；我在澳洲上過有關「優雅過生活」（Entertaimanent with Elegance）的短期課，老師指導學員如何擺設餐桌，而我家裡常宴客，很能派上用場。我們常說，好的菜是色香味俱全，很有道理！

一鍋再香的佳肴，若是放在一個不得體的容器裡，恐怕會降低了它的分數；所以哪怕是切一碟水果，我一定要求佣人要拼出一盤花來。所謂秀色可餐，本來是形容美麗的女人，我卻拿來形容排得匠心獨具的食物。

食物要怎麼搭配才能顯得秀色可餐？我覺得白色瓷盤最能突顯食物的顏色，如同白色畫紙最能自由揮灑一樣，食物的拼排也如同服裝，需要有中間色澤的調合，如咖啡色的磨菇與粉紅色的鮭魚裝在一盤，就需要放點綠色來中和及襯托，蘆筍尖與香草，都是很好的裝飾品。乾肉旁邊淋點色汁，不僅滋潤味覺，也滋潤視覺。

香蕉與蘋果都屬於去皮後會變黑的水果；蘋果切開後用鹽水浸泡才不會變黑，香蕉要裝盤則要切段，但建議不可再與黃色水果放在一起，這些都是配色的學問。

在國外的屋子大多有院子，院裡種的薄荷、迷迭香是很好裝飾材料。臺灣有院子的不多，但陽臺上培植香草、辣椒也不難，一方面賞心悅目，一方面可派上用場，何樂不為？一個院子要有紅花綠葉才顯風華，一盤美食也需紅花綠葉才秀色可餐。

紅蕃茄和草莓就是很好的「紅花」，草莓由尾端切開而不切斷，輕輕一翻，就像一把紅扇子，而蕃茄皮翻轉過來也能做成花形。容器也非一成不變，把調味料裝在幾個湯匙裡，平置於長形盤子上，紅色的肉球隔著湯匙放在中間，也是另一種變化。

買現成的甜點，花點巧思就能更誘人；例如，冰淇淋裝在不同形狀的玻璃杯裡，會格外甜美清涼，蛋糕盤邊撒點可可粉，加一片餅乾，會讓人覺得值回票價。

至於鮮花就更重要了！餐桌上擺上一瓶花可以讓人心情愉悅，就算是一朵花，也可以有畫龍點睛之效，或者把花瓣撕下來，巧妙地撒在桌面上，甚或排成圖形和有意義的字，那就更別有一番羅曼蒂克了。

美味如人生，需要用心經營；同樣，人生如美味，也需要細心烹調，願我們大家都能細細品嘗人生況味！

雙安的心地善良、個性粗中帶細，不時會為我帶來驚喜，展現他體貼的一面。

二〇一九年臺中市長盧秀燕邀請我代言臺中花博，我送上嘉德麗雅蘭畫作義賣作公益。

17

硬漢不怕病來磨

熱情的福州鄉親帶來了傳統福州式壽幛及壽聯，我們披著印尼朋友送的傳統手工披肩接受祝福。

壽
熱心助公益關懷桑梓功在社會

雙安過去長期在原始叢林作業，日子過得清苦單調，閒暇時間除了工作，沒有更多的娛樂活動，長此以往抽菸成了大家的共同嗜好。雙安那時的菸癮，大到什麼程度？一天八包，菸不離手。甚至一包菸價值六千美金，他都要抽！

六千美金一包菸的故事是這樣的：有一次，他身處偏遠外島上的伐木基地，身邊剛好斷菸，雙安菸癮發作，就讓駕駛員去周邊村莊買。他的這個駕駛員，可不是開小車的，是開直升機的。駕駛員奉命開著直升機到處盤旋，看到一個村莊降下去，買菸，沒有；又看到一個村莊，再降下去，仍舊沒有。飛機愈飛愈遠，後來飛出了森林，飛到一個小鎮上，小店裡只剩一包菸。沒辦法，天快黑了，駕駛員只好拿著這一包菸飛回來救急。算算油錢，這一趟最少得花六千美金，成了大概是世上最貴的一包菸。

但是這樣的一個「大菸槍」，說戒就戒，前後不過三個月時間，而且一戒到底，毅力不能說不驚人。怎麼會戒菸呢？這又是一個故事。雙安那時抽的菸，是沒有濾嘴的LUCKY STRIKE，尼古丁特別強，菸不離手的後果是，肺都熏黑了。一九七六年，因為不停地咳嗽，他到香港做身體檢查，醫生建議拍張X光片，照完片子，那位只會說廣東話的醫生，表情嚴肅地對他說：「黃先生，你不要再做事了。」

雙安詫異地問：「咳嗽跟做不做事，有什麼關係？」

醫生用非常沮喪的口氣指著X光片說：「你差不多了，你命不長了，還做什麼事業！看看你的肺，一大半都黑了！」雙安看看這位與他有點交情的醫生的神色，不像在開玩笑，就仔細瞄了一眼X光片，果然同一個肺，顏色卻大不一樣。醫生跟他解釋抽菸對人體，特別是對肺部的侵害之後，建議他，要嘛你就回家等死、要嘛就少抽一點！

雙安回到家，原本想換一件衣服，突然發現所有的衣服上面都有菸燙出的窟窿，以前怎麼都沒注意到？他笑了，再翻一遍，確實是所有的衣服都有菸窟窿。他又想起醫生的話，心想自己從小打拚到現在，好不容易有一點成就了，還有很多事情沒做完呢！

堂堂一個大丈夫，難道連戒個菸都做不到？為了徹底戒菸，他把從世界各地蒐集來的打火機，有黃金的、有白金的，最貴的是價值六千美金，統統送給朋友、一個不留。送打火機的那天，他對朋友豪氣干雲地宣布，為了公平起見，大家抽籤，抽到什麼拿什麼，但能夠一起戒菸最好！

做好了戒菸準備，雙安把自己關在一個小房間裡整整三個月，吃口香糖，嘴唇都黑了、破了，也不屈服。那段時間，他脾氣變得很壞，動不動就罵員工，居然有幾個員工受不了被他罵走了！

據他自己說，戒菸期間為了怕聞到菸味，讓決心功虧一簣，因此不讓員工在他面前抽菸。三個月後，雙安從小房間裡走出來，員工們發現，老闆像換了一個人似的，態度變好了、人也瘦了，本來眾人還打賭老闆一定會菸癮再犯，沒想到老闆真的戒菸成功了！戒菸成功後，雙安屢屢和部下分享戒菸心得，也勸他們也不要抽了，他用提高工資、設立戒菸獎勵金等激勵的辦法，不過效果好像不彰。

用身體健康拚搏事業

雙安一輩子拚命工作，過度使用體力，年紀一到自然會出毛病。金屬都會疲勞，何況血肉之軀？

一九九二年，雙安六十歲那年，有一次他到新加坡出差，突然感到身體很不舒服，發現大便裡有血絲，他立即打電話給杜醫生講了這事，醫生也建議他馬上到醫院檢查。檢查完，醫生用閩南話跟他說：「情況不理想，確定是腸癌，你也不必聽第二個意見了，趕快準備開刀吧。」這真是晴天霹靂！我事後回想，當時的雙安應該像是聽到了死刑的宣判吧！

雙安打長途電話給在印尼的我，聲音有些哽咽。我說，我立刻飛去新加坡陪你做手術吧！但他說不行，說還得回印尼交代事情，還有八萬人靠著我吃飯呀！知道雙安罹癌，我難過地打電話給在澳洲的媽媽，她勸我們不要害怕，要禱告，向主求醫治、求平安。

回印尼處理完公司事務，他三天後去新加坡，住進醫院剪掉了那段布滿癌細胞的腸子。接著進行化療。每周我們都會飛新加坡做一次化療，化療副作用很多，特別是無力和缺乏胃口，但是雙安勉強自己進食，因為他要自己有體力對抗病魔。

第三個星期，我們再度前往新加坡做化療，當時為了增加體力，也是有些貪吃，雙安特別想吃新加坡著名的「魚頭米粉」。沒想到吃完魚頭米粉、喝了一杯橘子水後不久，他開始肚子疼，疼得全身冒冷汗，連坐都坐不住。我們緊急聯絡醫生，醫生立刻推他去照X光片，一看，整個胃黑乎乎一大片！醫生診斷是急性胃出血，決定馬上動手術。

由於病情危急，且雙安是第一位具有馬來西亞蘇丹親授拿督斯理榮銜的外國人，醫院也很禮遇他，特意取消了當天下午所有的預約，騰出手術室為他緊急開刀。兩個小時的手術過程，我度「分」如年，好多醫生進進出出，好不容易等到主治醫生出來，我焦急地追問：「情況怎麼樣？」醫生只簡單地回答說：「還好、還好。」一顆懸著的心，總算放下一點，但還是有太多的疑慮，等待瞭解。

醫生終於不好意思地表示，開刀後找不出毛病，那黑影只是因為脹氣導致。他承認了自己的判斷失誤、開錯刀。不過，醫生說：「另一個好消息是，打開腹部後，他們特意看了體內其他器官，都很好，沒有問題。」不到三個星期，前後做了兩次大手術，雙安身體虛弱很多，他在加護病房裡，整整躺了三天三夜未醒。

回到印尼以後，他身體虛弱到連步子都邁不動。許多朋友都非常關心他，大陸一位高層領導特別介紹了他的一位腫瘤專科中醫師來印尼給雙安調理身體。那位余醫師，住在我們位於山上的別墅裡，每天在群山環繞的環境裡，教雙安怎麼呼吸吐納，怎麼邁步子學走路，雙安真的是連站都站不住、邁也邁不穩。

余大夫也開藥方，我每個星期都必須飛到新加坡去買藥材，因為那裡的藥材，比印尼的種類多。大夫開的藥方，有一、二十種。白英、龍葵、雞血藤、桑寄生等從來沒聽過的藥名，到後來我都耳熟能詳，並且學會了怎麼分辨藥材的好壞。我們家到現在還保存了當年煮藥的藥壺和泛黃的藥單，前些天整理舊物，翻到了余大夫開的藥方，看到他龍飛鳳舞的字跡：「每日一劑，水煎兩次，取汁混勻，分兩次服」真是百感交集。

那年，雙安於一個月內兩度開刀，而十一月十三日就是他六十歲大壽了。為了鼓勵他，我特別為他籌備了一場盛大的生日宴。從山下的希爾頓飯店（Hotel Hilton）叫來外燴，邀請了八百多名賓客，席開一百桌，就在我們世外桃源般的別墅裡舉行。

為了怕山裡氣候多變下雨，我們有兩個高爾夫果嶺的大院子，全搭起了綠色棚架，草地也全鋪起木板，方便賓客走動。那天，福州的鄉親、公司的職員、朋友、部長、海外貴賓，都來給雙安祝壽，加油打氣。我們所有的房間、山中的旅館，都住滿了。

當年幫助雙安創業、貸款一萬元印尼盾給他的加里曼丹林務局主管Mr. Kostono也來了，他那時已經八十三歲，也早已退休。雙安心中一直感激著這位恩人，恩人退休後，雙安除了每月匯錢到他的銀行賬戶，還給他一些木材，讓他做椅子、桌子等傢具。因為老先生長年從事林業工作，對木頭非常內行，也會做傢具，送給他木材，可以讓他打發時間，免得退休生活無聊。做的傢具要是賣不完，雙安就叫人再向他買回來。

看到雙安事業有成，Mr. Kostono非常高興，但宴會中看到雙安因大病初愈，而顯得瘦削的臉龐，老先生又非常不捨，已經退休的他，那天還特別在宴會中致詞，表達他對這份忘年之交的珍惜與感謝。雙安之後又特別送他兩張機票，請他和夫人去環遊世界。

雙安大病初癒後正逢六十大壽，特別於山上別墅爲他舉辦生日宴會。

雙安一直熱心公益，在馬來西亞、大陸有許多地方因他慷慨捐資而立碑讚揚。

雙安六十歲生日宴會是在山上的家裡舉辦的，世界各地的福州鄉親都趕來爲他慶生。

雙安看到許多友人陪他一起過生日，顯得神采奕奕。

18

幾度生病，幾度康復

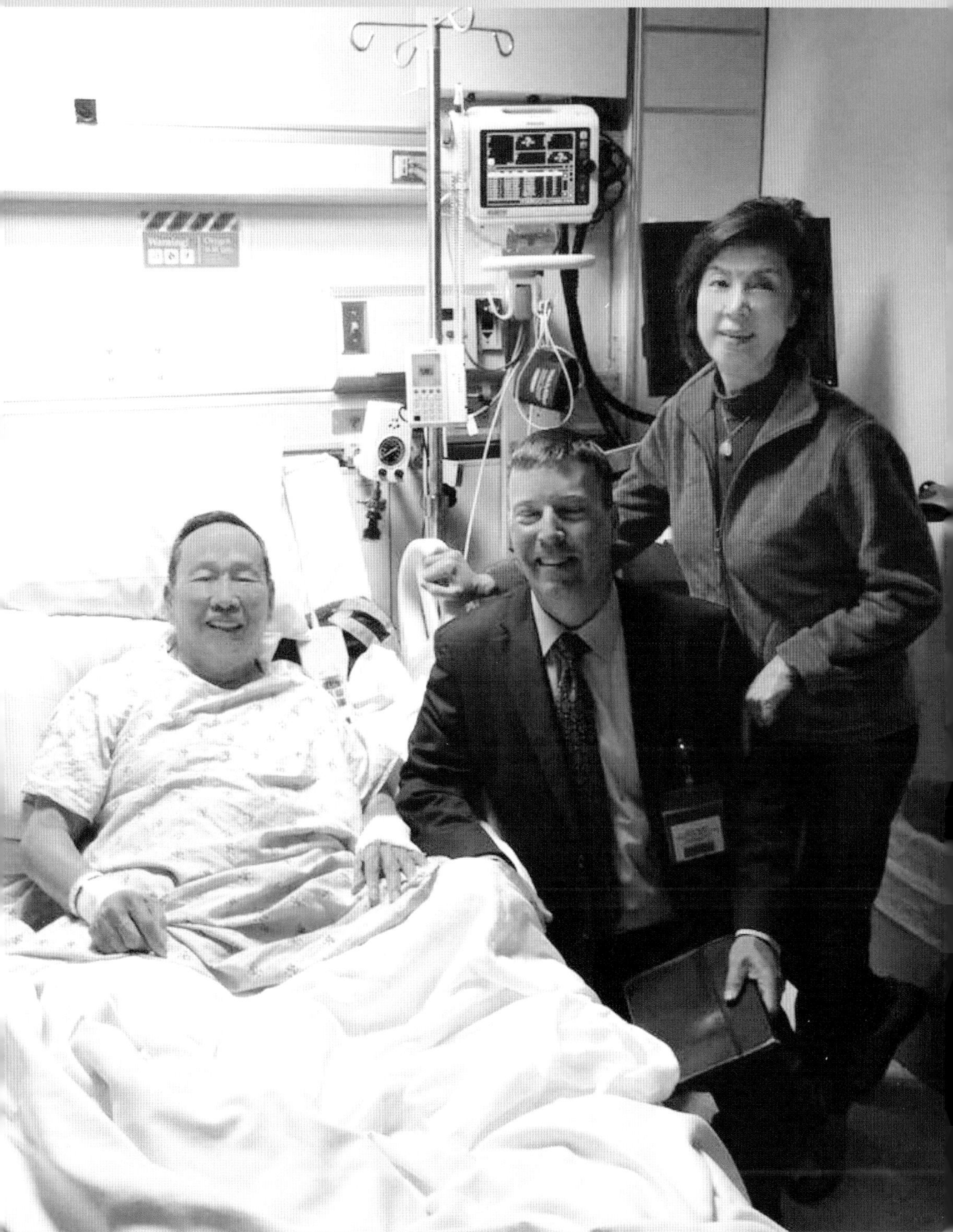

二〇〇三年十一月，福州十邑同鄉大會在美國紐約召開，雙安作為世界福州十邑同鄉總會會長，自然是要親自出席，為同鄉加油打氣。活動結束時，我建議他順便到美國最好的醫院——梅爾醫院（MAYO CLINIC）檢查一下身體。

梅爾醫院規模很大，就像一座小城市，設備非常先進，有六千多名醫生及研究人員，醫護人員共六萬三千人。參觀醫院的時候，雙安注意到，這醫院所有的大樓與設備，都是私人捐贈的，但捐贈者並沒有華人，雙安覺得他不能做一個缺席的人，於是掏出手機給總部打電話，要求立即匯款過來，直接捐贈給醫院。

當天，醫生建議他先做個血液檢查，醫院的設備非常先進，八點整抽血、九點所有的報告已經出來，全部呈現在醫生面前。Dr. Emslander看了驗血報告單，說：「Mr. Uray，我從你的驗血報告發現你的肝有問題，我要介紹你去看一位肝科專家，另外再做一些化驗。」第二天早上，肝臟科醫師告訴我們一個不好的消息，雙安的肝有三個肉瘤，要馬上動手術！我真的感覺到問題的嚴重性。

雙安的身體一直在新加坡醫院檢查治療，主治醫生吳大夫是位名醫，可是，他最近除了勸雙安減肥，並沒說過有什麼大礙，為什麼到這裡就找出瘤了？而且還是三個？不過，我們絕對相信梅爾醫院的醫生不會危言聳聽。

手術並沒有動刀，用的是Dr. Chanboneau醫生發明的Radio Frequency Tumor Ablation控制腫瘤生長，簡稱「燒灼法」。手術時間不長，但準備工作很仔細。手術後，雙安看上去精神很好，能吃會睡，食欲照樣很好，兩天後就出院了，我們在附近的旅館住了一個星期。

一星期後，雙安就回到工作崗位，我則回到新加坡，吳醫生聽了我的敘述，不信美國醫生有那麼神通廣大，什麼燒灼一下就能控制住腫瘤，他一再堅持要看病理報告，於是交代他的祕書，請Dr. Chanboneau把報告寄來。幾天後，報告寄來了，吳醫生仔細看了報告，才心服口服。

處變不驚的勇氣

雙安體力恢復很快，馬上又生龍活虎起來。

每年我們都去美國作例行身體檢查，二〇〇七年春天，我們由美國健康檢查回來途經日本。因為健康檢查情況良好，雙安非常高興，想利用過境五天的時間遊覽一下日本。第四天，忙完事情雙安說晚上想要吃紅燒肉。

日本人一向愛好吃魚，若想吃地道的紅燒肉還不是那麼容易。為此，我特別打電話回臺灣，詢問朋友，哪裡有正宗的紅燒肉。後來朋友介紹了一家位在新宿的青葉餐廳，說那是一家臺灣人開的餐館，紅燒肉做得很地道。

我們花了四十多分鐘時間，車子七拐八彎，好不容易在一個小巷子口停了下來。巷窄無法行車，我們在雨中步行了幾十米路，終於找到在胡同盡頭的樓宇，餐館就在那棟樓的地下室，我們拐來拐去下到地下室，才進到餐廳，那時己晚上八點多了。

雙安吃興甚高，點了扣肉、蛤蜊、蚵仔煎、空心菜和番薯粥。美食端上來了，沒想到才吃兩口，雙安就把筷子掉到地上，瞪著眼睛不說話。我以為他生氣了，是不是紅燒肉沒燒好？可是不對呀！雙安不會在大庭廣眾面前這麼做的。

我正納悶著，見雙安想站起來卻又站不起來，兩眼不光是瞪著，還發直，手也不聽使喚。我看看不對勁，呼喚服務生，服務生說：「哎呀！怎麼會這樣，要不要叫救護車？」

情急之下，我想到當天下午，朋友的女兒黃婷才幫我們買了一個日本手機，因為我們的手機在日本都不能用，我也剛好有輸入黃婷的電話號碼，打開手機，聯絡到她，讓服務生用日語告訴了她餐廳地址。

二十多分鐘後救護車趕到，下來了五、六個矮胖的年輕人，合力把雙安從地下室抬到電梯口，再從餐館門口抬到小巷口。巷小人多，天還下著雨，好不容易上了救護車，在車上，照護人員立即打電話，聯繫離餐館最近的國立國際醫院。

這是一個政府辦的小醫院，趕到那裡已是午夜十二點左右。年輕的值班醫生問我，病人平時都吃些什麼藥，我連忙將雙安一直在吃的降血壓藥名和病史詳盡地告訴了醫生，醫生立即為雙安急救，之後送入病房。

不放心的我，隨即打電話到美國的梅爾醫院（Mayo Clinic），留言希望和雙安的主治醫生海斯（Dr. Heys）聯繫。很快地，海斯醫生回電話來了，我請他把更詳細的情況告知日本醫生，但日本醫生英語口語不靈光，無法在線上對談。於是我拿了日本醫生的E-mail，請海斯醫生和他聯絡。一會兒海斯醫生又來電話，說聯絡不上日本醫生，大概那個E-mail地址錯了。我連忙再去找日本醫生，但到處找不到他。

此時已是凌晨三、四點了，醫院無人，連護士也找不到。挨到清晨六點，那醫生終於出現了，我不顧一夜無眠的疲勞，連忙緊緊跟住他到樓下辦公室，要他立刻和海斯醫生聯絡。此時已是美國時間下午四點，日本醫生從抽屜裡拿出一個小型電腦，像本子一樣大小，發出所用的藥方並告知病情。之後，我又和海斯醫生通了電話，海斯醫生說：幸好昨晚你能及時告訴醫生病人的平時的用藥，這很重要，為正確診斷提供了依據。

第二天上午，雙安做了頭部X光、CT等檢查，情況已大為好轉。雖然此時雙安說話還不是很清楚，行動也不是很方便，但黃金二十四小時內，因掌握了病人平時用藥資訊，對及時正確地搶救治療有很大的幫助。

後來我才得知，那天晚上的年輕值班醫師正好是那家醫院的腦神經外科醫師。醫師專業，我又及時提供了正確用藥數據，雙安才能化險為夷，日後更是一點後遺症也沒有，沒有人看得出來他中過風，這不能不說是上帝的恩典。那時，我為他幾度生病卻都完全康復感恩，也祈願著往後的日子，上帝繼續保護雙安，健康平安。

梅爾（Mayo Clinic）醫院癌症中心裡的每一位痊癒的患者都可以透過敲鐘儀式（The Bell Ceremony）象徵重生。雙安出院時也敲響三聲喜鐘，旁邊的許多人都爲我們鼓掌祝賀。

上｜一九九六年我爲華視愛心專戶捐贈了一幅嘉德麗雅蘭畫作，大成報以一百萬元買下此畫，完成了我愛心捐贈的心願。

下｜二〇〇〇年臺灣首度政黨輪替，陳水扁總統特別邀請我回國參加他的就職典禮，晚會時在後臺和遇見熱情的軍人粉絲。（郭東泰　攝）

大眾銀行董事長陳建平（中）在二〇〇四年於南亞海嘯義賣會中，以二六〇萬元購得我的版畫，特別舉行簽名會。 中央社記者田裕斌攝 中央通訊社提供。

人在國外 心懸國內

旅居印尼的演藝人員白嘉莉偕夫婿黃雙安（左二、左一）昨天上午至警政署捐贈十萬美金慰問警察人員，由內政部長吳伯雄（右二）及可能接任台北市警察局長的警政署副署長陳學廉（右一）代表接受。（圖文：詹朝陽）

今·日·股·市

聯合晚報

UNITED EVENING NEWS

中華民國八十年七月五日 農曆辛未年五月二十四日（星期五）

要聞 1 版

大同水上樂園

美人捐款

核二一號機運轉不順 下午繼續分區停電

記者沈明川／台北報導

一九九一年七月五日上午，我與黃雙安到警政署，捐贈美金十萬元慰問警察人員，由內政部長吳伯雄（右二）代表接受。中央社記者郭日曉攝 中央通訊社提供。

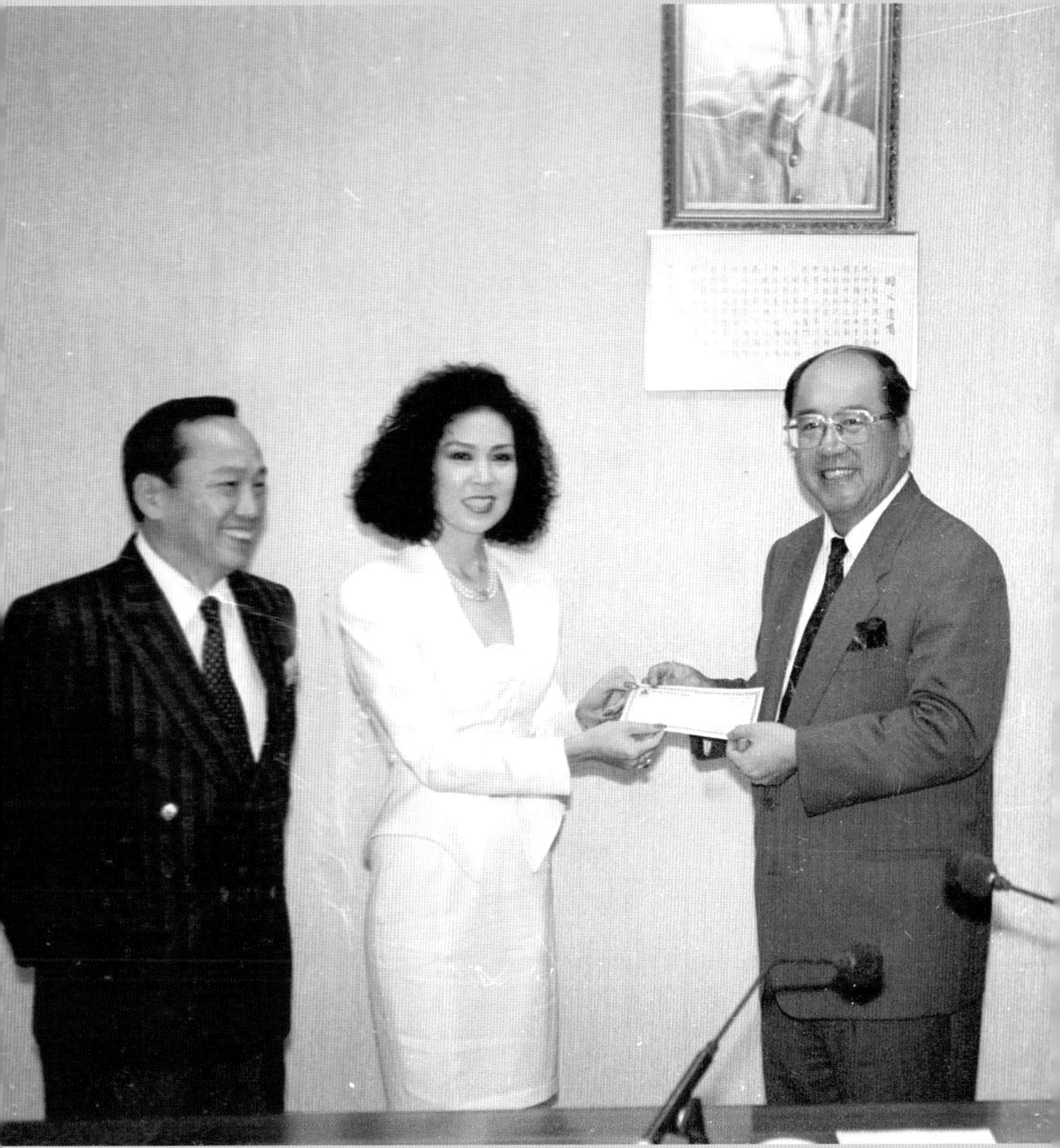

中華民國六十九年四月一日

民生報

白嘉莉捐獻十萬美元，做爲自強愛國基金，由新聞局局長宋楚瑜代爲轉交。（本報記者：張福興攝）

白嘉莉今天返印尼 留書寄意願長相憶

捐出美金十萬元・充作自強愛國基金

【本報訊】爲了響應自強年運動，白嘉莉昨（卅一）日下午，在行政院新聞局長宋楚瑜辦公室，捐出十萬美元，做爲自強愛國基金。由局長宋楚瑜代表接受。

白嘉莉說：『雖然我人在印尼，但對國內的一切，我都不陌生，國內全民的奮鬥，建設國家，所有海外僑胞們都十分欽佩，今天，我捐獻這筆款項，並不能表示什麼，只是聊表內心底的一片心意。』

宋局長對於白嘉莉的愛國舉動，除了表示敬佩、感謝之外，還再三表示，希望白嘉莉日後能夠經常回國，並且，在國內多停留幾天。

白嘉莉笑盈盈的說：『只要新聞局的一句話，我一定回來。』

白嘉莉將於今（一）日中午十二時廿五分的飛機，飛往香港，然後轉機返回印尼。

臨行前夕，白嘉莉留下一封短函，欣見祖國的成就，希望常常回來，下面是該信的全文：

『我回來了，在台北杜鵑盛開的季節……

曾經有過多少次花開花謝的經驗，但不如今年如此的親切……

一千、一萬個驚愕，一千一萬個震悸，塡滿了這短短的幾天的時間裏。

記得六十五年底的事，我和台視的工作伙伴們合作過一個永難忘懷的節目！——「這一年」，那是以報導十項建設爲主要素材的電視特別節目，當時我曾走過每個工地，南高、林園、八號隧道、中港、蘇澳……見過無數爲國家重要建設流汗的英雄們。今天，各項建設都已次第完成，對我來說，這僅屬於每一個中國人的成就感與榮譽感，和大家一樣，並無稍異！遺憾的是這次時間不容許我一一舊地重遊，我能說的只有中正國際機場。

六十五年十二月五日——一個風雨凜冽的冬天早上，國際機場的工地一片泥濘，航站大廈還沒有成型，空蕩蕩的水泥地上、橫着一堆堆大大小小的鋼筋，接待人員說：「這裏，將來是航站大廈，妳常出國，是以後常常路過的地方……」在雨傘抵擋不住的風雨下，我實在想像不出它完工後的樣子，三月二十五號晚間，我終於看見了，那不是想像，是事實，我走過不少地方，路過不少機場，但是，唯有中正機場給我如此欣喜，爲此驕傲！

我曾經說過，每一位旅居海外的中國人，都有一份「遊子懷鄉」的心情，我，雖然日子過得不壞，但是這份鄉愁是不容易輕輕抹去的，這裏，我十二萬分感謝大家對我的關愛，也希望朋友們不要聽信流言，我過的很好、很正常，是眞的。

這篇短短的稿子見報的同時，我已經準備離開國門了，您當會知道這幾個字是無法表達幾天來我之所見、所聞、所感于萬一的，我希望最快、最快回來，在螢光幕上與您相見，但願您不要忘記我，如同我夢魂牽繫地想念你們一樣！』

中國時報
中華民國八十四年十月十日 星期二

▲翁倩玉在「聯歡大會」中既演出又得獎。（黃玉淇攝）

▶凌波是昨天三位獲頒「華光一等獎章」的藝人之一。（黃玉淇攝）

▲白嘉莉偕夫婿返國，同時分享獲獎的榮耀。（黃玉淇攝）

旅居海外藝人至高榮譽

獲頒華光一等獎章

凌波意外又感動
白嘉莉自比小麻雀
翁倩玉把獎獻親人

【記者徐紀琤台北報導】在家人的陪伴下，凌波、白嘉莉、翁倩玉三位旅居海外的藝人，昨天獲僑委會頒發「華光一等獎章」，該獎是國家對僑胞表示最高榮譽的獎項，藝人方面，之前只有鄧麗君與李麗華得過。三位資深藝人昨一致表示高興又榮幸。

凌波得獎致辭時表示，她沒想到離開祖國這麼久，居然還能得到這麼高的榮譽，讓她非常感動，「我和許許多多的僑胞一樣，都是心向祖國的，以後只要國家需要我，我一定效力。」

白嘉莉上台領獎時，樂隊奏起當年她主持「喜相逢」時的主題曲，氣氛很感人，她也甚受感動，致辭時，她說，她想到一個小故事，「一個年輕人在路上問麻雀爲何高舉雙腿，小麻雀說因爲天要塌下來了，牠要盡一己之力」，她說，這些年，她其實也是一隻小麻雀，能力有限，她希望海內外同胞都能發揮小麻雀的精神，「努力的向前飛」。

翁倩玉領獎時，再三感謝國家給她這個榮譽，她將獎獻給父母、哥哥、嫂嫂、以及她敬愛的謝東敏資政。非常重視此獎的她，這次特別邀請父母、兄嫂到現場觀禮，並且穿了一套自己設計的粉紅色禮服，使她像個美麗的公主。

三位藝人獲獎時，家人都在台下觀禮，臉上都露出無比榮幸的表情。

影視體育

台灣地震災害、印尼局勢緊張

白嘉莉度過最

透過本報系捐款專戶捐出一百萬元

【記者粘嫦鈺／台北─新加坡報導】旅居新加坡的白嘉莉，關切台灣災情，連打了四天電話，昨天終於接獲台灣親友報平安的消息，她表示，印尼這幾天情勢也很緊張，她很怕台灣朋友出事，又擔心印尼親人安危，體會到「蠟燭兩頭燒」的感覺，在她心中，今年中秋節是「有生以來最沈重的中秋節」。

前幾天才從法國回到新加坡的白嘉莉，立刻接到印尼又發生大規模暴動的消息，夫婿黃雙安緊急飛回印尼，留下她一個人在新加坡；緊接而來是從電視報導中看到故鄉台灣發生空前大地震，白嘉莉形容自己當時簡直被「震昏了」，心底一直告訴自己：「怎麼會這樣，兩個家都受到重創？」

拿起電話不停撥給台灣的友人，沒有一通接得通，從電視中看到災情持續擴大，白嘉莉有預感

報

……洌的中秋節

回台與大家齊心重建家園

真想訂了機票飛回台北，但印尼災情沒有解除前，她不放心黃雙安，決定留在新加坡等待消息，不敢輕舉妄動。

白嘉莉強調，在印尼這麼多年，也曾碰到大地震、大海嘯等重大災情，加上這幾年的暴動、攻擊華人等情事，她格外想念台灣朋友，以前她總是帶領演藝界出錢出力，這次也不例外，透過聯合報系捐款專戶，她捐出一百萬元，並強調「演藝界愛心人士比比皆是，大家團結起來，適時發揮力量，只要印尼情況穩定點，我希望能早點回到台北，和大家一起重建家園。」

←白嘉莉關心台灣災情，捐出一百萬元，並表示要儘快回來。記者郭東泰／攝影

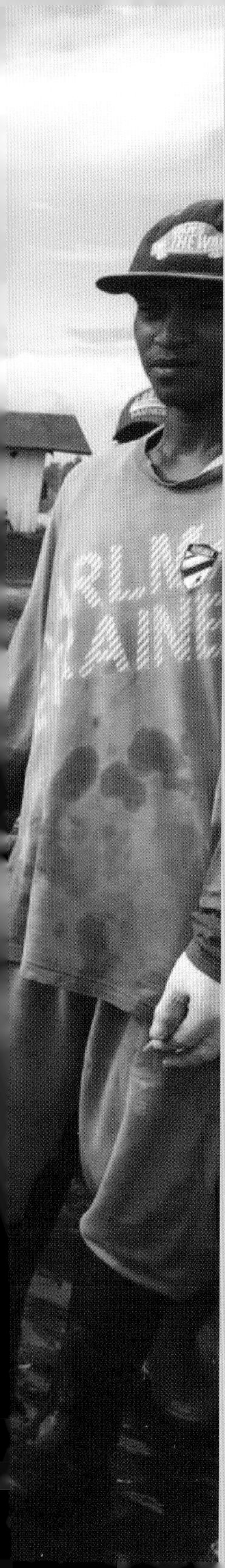

19

洗手做羹湯

不少朋友聽說過我做的「巧克力」飯的故事，但是還不知道我摸過雞屁股，並且讓雞糞噴了一臉。

剛來印尼的時候，一切都不方便，語言不通、書報缺乏。每天期盼有人陪伴，但雙安工作繁忙，常見他早上四點起來就開始打電話，給散布在印尼各處的木業、漁業基地，指示著各種事項，晚上睡前也是好幾支電話不離手，要與高層主管檢討交流。那時候，我唯一能做的，除了勸他放輕鬆、不要煩惱，就是打越洋電話到澳洲，跟媽媽訴衷曲。

媽媽說，他那麼忙，妳要體諒，要為他做點好菜，讓他有家的溫暖。而雙安就愛吃肉，紅燒肉、滷肉都愛，是典型中國人的胃。他是福州人，福州人也愛喝雞湯，都說現殺的活土雞最補，於是我就到市場去為他挑選土雞。

印尼的傳統市場實在是髒，不要說我一個臺灣過去的人，就是當地人也不願意去。我的一些女朋友，已經是當地第幾代華僑，也從不進傳統市場，因為那裡滿地是水、處處泥濘腥臭，肉攤子前還布滿飛來飛去的蒼蠅。我為了去市場，特別買了一雙高底拖鞋，避免東西還沒挑完，已是滿腳又黑又濕。

說實話，菜場裡的雞，長得都一個樣子，讓我還真難下手選購。有一個雞販叫阿雄，會說華語，每次看見我就熱情招呼：黃太太，來來來，我給妳留了最好的雞。我就請教他，怎麼樣的雞才是好雞？他說，按雞屁股就知道，好的雞屁股是軟的。於是我就戰戰兢兢的把手伸到雞屁股那裡，想捏捏看軟不軟，沒想到愈怕就力道愈重，一按，竟然把大便給擠出來了，當場讓我不知所措。

第一次握住肉的感覺也挺恐怖，又軟又滑，拎著還有會動的錯覺，至於躺在肉攤上的豬頭更可怕，好像還在瞪著人呢。

因為爸爸是北方人，小時候家裡常煮麵來吃，但都是爸爸下廚。後來家裡開打字補習班，父母都忙，沒時間做飯，都是買現成的吃。我從來也沒上過菜市場，連蔥跟韭菜都分不清，現在混在華人市場裡，挑肥撿瘦，跟菜販成了朋友，我的女朋友都很佩服我。

巧克力飯傳奇

一九七七年剛跟雙安在一起的時候，他連個家都沒有，就住在公司裡，床頭放了好多支電話。結婚以後，我們住在希爾頓飯店（Hotel Hilton）的大套房裡。

那時候已經在蓋自己的房子，但是還沒有完工。希爾頓飯店住了好幾個月以後，我們又搬到飯店旁邊一棟建築，是兩房兩廳式的平房，也隸屬於希爾頓，但那裡就比較像個家了，有廚房。

每次我想下廚，就打越洋電話給媽媽，媽媽就在電話裡面授機宜，電話費貴得要命，雙安常笑著說，今天這道菜比餐廳裡的還貴啊！

那時候印尼沒有電鍋，我要煮個飯也是長途電話問媽媽，媽媽就不厭其詳的告訴我，把手平放在米上，水蓋過手背就差不多了，可是媽媽忘了告訴我，水開了以後，火要關小，結果一鍋飯全焦了，雙安也不在意，胃口特好的吃個精光，還說這是巧克力飯，很難得一見的！

有一天，我請雙安當時的祕書阿珠，陪我去市場買五花肉和一打雞蛋，回來做滷肉跟滷蛋。那時候廚房和餐廳之間，以一個餐檯隔開。準備吃飯前，我先盛起滷蛋放在餐檯上，轉身再盛肉。等我裝好肉再轉身的時候，不過兩分鐘，發現滷蛋不見了，我訝異的問：「滷蛋呢？」

「吃光了。」

「什麼？」我簡直不敢相信。

「吃光了。」他又說一次。

「你騙我，十二個滷蛋一下子全都吃光啦？」

「真的吃光了。」

飯後，雙安去休息，我不死心的找遍餐廳、廚房、客廳每個角落，連垃圾桶都翻遍了，找尋那滷蛋的蹤跡，但還是連個影子都沒有。他真的沒有騙我，一口氣吃了十二個滷蛋！直到後來，他一次還是可以吃上好幾個蛋。雙安的胃口，完全跟他的肚量一樣大。

STEYN CITY

20

請客趣事

宴請賓客是一門學問，也是一種藝術。從名單的擬定、坐位的安排、餐桌的布置，乃至於菜單的選擇、菜餚的烹煮，每一樣都需要用盡巧思，換句話說，是要用心安排的。

所以每次宴客，我都當成是要完成一幅畫般的打稿潤色，當曲終人散、賓主盡歡之後，檢討起來，往往是非常愉悅而安慰的。

但縱使再用心良苦，也有突發狀況發生的尷尬情事。

話說有一次，馬來西亞丁加努州蘇丹國王，他在新加坡健康檢查完後，打電話給雙安，告知健康狀況良好，心裡覺得非常舒坦。雙安與蘇丹王私交甚篤，聽到國王身體健康也很高興，便力邀丁加努王來印尼做客。

王室一行二十人浩浩蕩蕩的來到印尼，除了國王，還有他的妃子，以及女兒、女婿、私人祕書、醫生、律師和保鑣等等。三天訪印尼的行程裡，我全程陪同，因為雙安工作實在太忙了，祕書陪同女眷們採買東西，我則陪國王打高爾夫球。

中午，我們吃印尼風味飲食，晚上為了表達誠摯歡迎，我將貴客帶至一家印尼最高級的日本餐廳，那也是我最喜歡的一家餐廳，位在一棟摩天大樓的二十八樓，景觀非常好。

蘇丹王果然很開心，看到廚師現切沙西米，還很好奇的詢問這是什麼。而我要請國王吃的，是日本最高級的神戶牛肉火鍋。

當昂貴的牛肉切得精薄豐美的端上來，我為了介紹此牛肉之精美，把道聽塗說來的牛肉傳奇，賣力地向在座嘉賓解說，說著這神戶牛肉是喝啤酒、聽貝多芬古典音樂外加馬殺雞按摩長大的，所以肉質才會如此細嫩鮮美。

長篇大論介紹完了以後，我禮貌地請貴客嘗鮮，沒想到上至國王，下至隨從，沒有一人動筷，然後他們嘰嘰咕咕低語後，國王祕書為每人叫了一盤炒飯，便草草結束這場宴會，讓我大惑不解。第二天公司的經理才告訴我，原來這些遠道而來的虔誠回教徒，是不能碰任何酒類的，聽說神戶牛肉是喝啤酒長大的，豈敢動筷子，我真是弄巧成拙了！

還有一次，雙安中午從公司打電話回來，要我安排一下，今晚會宴請朋友來家裡用餐，我問：「有多少人呢？」

「大概一桌吧！」

於是，我又想到請那家最高級的神戶牛肉火鍋店的廚師到家裡來外燴。原定下午六點的晚宴，因為他們的飛機誤點，結果晚上八點客人才到。

一進門，發現居然來了二十位賓客，我趕快臨時加桌並請廚師加料，誰知美味餐點上桌以後，客人問到：「這是什麼肉啊？」原來他們都是從泰國來的佛教徒，是不吃牛肉的！我當時強作鎮定，說：「沒關係、沒問題！還有其他的菜。」然後轉頭到廚房，趕緊叫佣人飛奔去超市買雞肉、豬肉回來，才解了圍。

從此以後，我家多添了好幾個冰箱，山上別墅有六個，山下家裡有六個，裡面放滿了各種肉類，以便隨時邀請什麼人來，都能變出一桌菜。這也讓我體會出一個人生哲理；凡事要有周全準備，遇有突發狀況才能應付，就像車子後面要有備胎一樣！

即便我與雙安在國外生活，過年期間我們仍會張燈結彩讓家裡充滿傳統的年節喜氣。 中央社記者周永捷雅加達傳真 一〇三年二月一日 中央社提供。

我喜歡中國茶，泡茶過程中能夠讓心靈平靜悠閒。 中央社記者范大龍攝 六十九年七月十三日 中央社提供。

21

花茶與花酒

有人說男人與女人不同的地方，是女人愛喝花茶、男人愛喝花酒。女人喝茶重氣氛，輕柔的音樂、典雅的裝潢、精緻的器皿，就能把一場花茶宴襯托得愉悅動人。所以茶本身可能反而成了配角。男人喝酒也是。所謂醉翁之意不在酒，酒只是陪襯、是放鬆壯膽的工具，重點是有美女陪侍在側、顯出男人的氣勢。

剛結婚第二年吧！雙安赴韓國洽公，當時韓國還在戒嚴時期，而且男女極不平等，男尊女卑，聽說男人在公車上打女人，都沒有人敢勸架。

到了韓國，晚上當地朋友請吃飯，雙安當然是帶我同行，他到哪裡都是帶著我，不會讓我落單。但那卻是一個女人不可以去的地方，怎麼說呢？請聽我慢慢道來。

餐館裡面，隔成一間間的包廂，主人包下的是一間寬敞的日式榻榻米房，雙方十幾個男人坐下來，進來了二十多位穿著傳統服裝的年輕女子，兩人、兩人一組，分別坐在每位男士身旁。原來這是一間有女陪侍的酒館，我的到來破壞了韓國人的規矩，想必主人有跟餐館交涉、請求破例，下了一番功夫。

女人開始為男士們斟酒，並餵男人喝酒。看見我在場，那些女子有些尷尬、男士也很不自然，我為了緩和氣氛，頻頻勸說放輕鬆、放輕鬆，於是酒過三巡後，大家氣氛就不那麼緊繃了！韓國人喝酒的方式是一個酒杯大家傳著喝，你乾完一杯、倒滿新酒，換我再乾一杯，大概是為了表示彼此是兄弟、酒水交融吧。

一個男人身邊有兩名女子伺候，又餵酒又餵飯，男人盤腿而坐，酒醉飯飽之後，女人開始給男客按摩。跪在雙安旁邊的女子，看我坐在雙安旁邊，非常不知所措地看著我，不知該按還是不該按？我說，沒有關係，妳幫他按，妳不幫他按，還得我來按呢！我這麼一說，頓時化解了所有的尷尬。

住在韓國期間，晚上有人到旅館裡來按摩，按完之後卻都不走了，留在房間裡，我們奇怪為什麼工作完了卻不回家？原來外面戒嚴，他們回不去了。

有一天早上，我從旅館電梯下來，碰到一批臺灣旅客，大家蜂擁而上，把我團團圍住，要求合影留念，那時我剛離開臺灣不久，大家非常的熱情！可是騷動的場面，立刻引來警察，只聽到外面警車的警笛聲大作，有好幾名警察趕來維持秩序，我猜大概旅館怕出事故，暗中通風報信吧！

每年我都會爲雙安慶生，點蠟燭許願時我自己也會在心中默默許下心願。

我與雙安接受美國梅爾醫院（MAYO CLINIC）雜誌專訪。

22

遺失的紅寶石和珍珠

高雄好友為我舉辦慶生會。（張兆輝 攝）

Happy

「失而復得」的經驗你有過嗎？我有，而且是非常傳奇的，因此格外能體會那滿心的快樂以及感恩。

有一次在澳洲，我戴著雙安送我的珍貴禮物——一枚八克拉重的紅寶石戒指，這枚戒指的設計很特別，有個暗扣讓紅寶石拿下也可變成項鍊墜飾。一天，我與女朋友餐敘後，走去停車場時，赫然發現手指上只剩下戒指座，上面貴重的紅寶石卻不見了。我當時非常著急，於是我回頭沿路尋找，毫無所獲，讓我十分沮喪。

回到雪梨的家，在車庫門口遇見鄰居，她是一位猶太人，親切的問我：「妳好嗎？」我說：「不好！我遺失了我的紅寶石戒指。」於是那位太太熱心地說，妳趕快去登報懸賞，說不定撿到寶石的人看見，會還給妳。

「謝謝妳的建議。」我說。

不過，我打心裡認為那是不可能的事，我的女朋友曾戴著項鍊，在光天化日下被人搶走，脖子還留下深紅的痕跡，怎麼可能登個遺失廣告，還能找回那麼名貴的失物呢？

只是事情就有那麼巧，第二天，一位雪梨電訊報的記者朋友打電話給我，詢問一些事情，我順便跟他提到了紅寶石戒指遺失的事，他也建議我最好去警局備個案。熱心的他，隔天也在報上刊載了這個消息，文章內容說一位臺灣著名的電視節目主持人，遺失了結婚兩周年的紀念禮物，希望拾獲者能交給警察局。為此，我勉為其難的去警局備了案，然而心裡並不抱著希望。

兩周後的一天早上，忽然接到警察局的電話，說有類似首飾被發現，要來帶我去拾獲者的辦公室指認。那是一位歐洲女士，當她拿出這顆紅寶石的時候，我簡直不敢相信有這樣好心的人，但是警察還質問她，為什麼隔了這麼久才聯繫？她說：「昨天我先生去農夫市場買菜，我忽然看見包菜的報紙上有這條新聞，於是就打電話到警察局了。」

她又說：「當初在地上撿到時，我以為是顆糖果呢！昨天看見這則新聞，才知道它是有紀念價值的禮物，就趕快打電話給警察局。」於是，這份貴重禮物就失而復得，我真的感謝上天，同時也警告自己要小心一點……。

第二次失而復得

有一年，在新加坡，我和朋友約在Center Point Shoping Center的服裝店見面，我連續試了幾套衣服之後，便和朋友走去咖啡館。約莫半個小時後，忽然發現戴在腕上一支綠寶石鑲鑽的伯爵（Piaget）名表不見了。

我急如熱鍋上的螞蟻，趕快循著原路回去找，結果就在不遠處的大理石地上找到了！當時路上人來人往，我完全不敢相信那支表還躺在原處，後來想想，大概是黃金的材質與色澤，跟黃色大理石地面很接近，才沒有被人發現而撿了去吧！

我為再一次的失而復得感謝上帝！

第三次失而復得

有一年，我和雙安陪同蘇哈托總統與印尼政要們，前往日本訪問，隔天早上退房，準備離開飯店時，所有的官員及政要都集合在飯店大門口，等待專車一到，總統出來，就上車離開。

此時我忽然發覺忘了東西在房間，那是一副紅寶石鑲鑽耳環，是我極珍貴且喜愛的飾品，也是雙安送我的禮物。

當時我想要回房去拿，但是雙安阻止，不讓我再回房拿耳環。他說：「現在不可以離開，不禮貌。我再買一付給妳吧！」但我萬分的不願意，因為那是我喜歡的禮物，再買，也難買到一樣的。

果然車子很快就來了。後來上了車，我心裡好失落不捨，相信失去所愛之物的人，都有這樣的感受。車子開出旅館沒多久，領隊的電話響起，是旅館打來的，他說清潔人員在整理房間時，發現了置放在床頭櫃上的寶石耳環，請來領取。啊！又一次的失而復得，感謝上帝！

第四次失而復得

有一年，我在瑞士結束訪問後，由洛桑坐車到日內瓦，預計再搭乘火車去法國。在火車上，我發覺別在外套上的珍珠別針不見了，那是母親送我的禮物，意義非凡。情急之下，我立刻打電話到旅館詢問臺，因為旅館曾介紹一家餐廳，讓我們前去享用午餐，我懷疑極可能是用餐時掉在餐廳了。

打聽到餐廳的電話，焦急地去電詢問之後，餐廳說沒有見到失物。接連幾天，我持續打電話給旅館，每天都是不同的人接聽。直到第四天早上，我在巴黎的時候，接到旅館打掃部門負責人的電話，說珍珠別針找到了！

由於我還在旅行中，下一站是紐約。於是把澳洲媽媽地址給了他。終於，幾經波折下，這付珍珠別針由瑞士飄洋過海到澳洲、再回到主人手中，不由得我不感謝上帝！聖經裡有個浪子回頭的故事，說的是父親失而復得的喜悅，雖然愛惜的物品不能與兒子相比，但是那「丟了的又找回來」的喜悅，是一樣的。我為我有這樣的幸運，遇到這些誠實的人而感謝上帝！

23

永遠的失去

二〇一八年三月一日雙安悄悄地背著我邀請我的妹妹，弟弟和弟妹，一起前往峇里島為我舉辦慶生會。照片中手上戴的祖母綠戒指在那一晚永遠地遺失了。

珍惜當下的美好，不要等失去了才感到惋惜。

二〇一八年三月一日，雙安特別費心安排，悄悄地，背著我邀請我的妹妹，弟弟和弟媳，一起前往峇里島為我辦一個驚喜慶生會。其實這一年，他的身體總有微恙，精神體力並不特別好，但他還是處處為我設想，精心策劃所有安排。甚至還故作要去峇里島洽公，要我一定陪他出席會議。我也一直糊裡糊塗地跟著，設想著會議的各個環節。

等我們到了峇里島，在酒店裡見到了弟弟妹妹他才揭開這個謎，真的好窩心。

記得生日那天，早餐前，我們漫步沙灘，有說有笑。他提起前年那次我們去巴黎旅行時，我們倆交換禮物的時候，我送了雙安一款卡地亞手錶，他一直很喜歡。我告訴他，其實那次他讓我自己在麗茲巴黎酒店（Ritz Paris）挑的那枚祖母綠鑲鑽戒指，我還一直帶在身邊。那次忙裡偷閒的旅程，因為是他開始慢慢放開手中事業的起步點，也是我們這幾年來最輕鬆最快活的了。

生日那天我換上一款綠色上衣，搭配了那枚祖母綠鑲鑽戒指，他好高興。峇里島的一些朋友都趕過來看望我們，整個總統套房裡，客廳、餐廳和陽臺上都坐滿了一群一群的親朋好友，真的好熱鬧、好溫馨。

中午在房間裡，當年我們在亞齊救濟海嘯災民時結識的好朋友，酒店的董事長，也是印尼國家民主黨主席Suria Palo，特別送來了一份好大的生日蛋糕，蛋糕的造型就像是峇里島的天堂門（Pura Lempuyang Luhur）的形狀；另外，雙安知道我愛吃小吃，還特地點了好多峇里島當地的點心送到房間。弟弟妹妹等不及出去吃午餐，就先開了一瓶唐培里依香檳（Dom Perignon）為我慶祝生日，好不熱鬧。

雙安不喝酒，在客人一一道別後，催促著我們趕緊準備好出去吃午餐。於是我們匆匆收拾一下，出門前我習慣性的去趟洗手間洗手。我將戒指脫下來用衛生紙包著、順手放在洗手臺，離開時忘了將戒指戴回。

歡樂的時光總是過得特別快，轉眼之間我們結束度假回到雅加達，一個星期後需要出席活動時，我想找這枚祖母綠戒指搭配，但東翻西找卻不見蹤影。

仔細回想，才想到生日那天將戒指放在飯店洗手臺的事。於是我打電話到飯店，請經理務必幫忙尋找，雖然如此，當時我的心裡早已明白一切都太晚了，想再找回戒指的機率微乎其微。

第二天經理終於回我電話了，他說，他把幫我們整理房間的員工集中詢問，是否有人撿拾到這枚戒指，之後還讓員工到飯店垃圾集中處翻找，也完全沒有蹤影，因此來電跟我說明及致歉。事隔多天了，我知道找回來的希望非常渺茫。我的心情很沉重，因為這是雙安送給我的，他那麼珍惜我送給他的禮物，而我卻把他給我的禮物弄丟了，實在很愧疚。

雙安知道了這件事，看我的心情低落，就勸我：「不要難過了！想開一點。這些都是身外之物，明年妳生日我再送你一個。我喜歡看妳開心！」

現在回想雙安幫我慶生的貼心舉動，與弄丟戒指後的安慰話語，心裡湧起無限感慨，二〇一八年過去了，我失去的不只是這枚戒指，我最珍貴的雙安也離開了世界、離開了我。我失去了我最愛的人……精神上的失去，比物質的失去更讓人悲傷千百倍……。

24

相依相伴四十一年

真不敢相信，我和雙安攜手共度了四十一個寒暑。

就如同四十一年中，有不同的四季，我也在共同生活中，經歷過四季。只不過，現在是風歇雨停，只剩和煦的陽光，靜靜照在過往我們晨昏牽手散步的身子上。

很多人都不相信，我可以在印尼一待四十多年，雖然其間我常四處旅行，也有一段時間長住澳洲陪媽媽，但雙安寬闊的胸襟，給予我充分的空間，讓我對他心懷感激，也願意以同等胸懷容納他。

很多人問我：妳怎麼可能跟黃雙安共處一輩子？

我要回答的是：「他人好，而且粗中帶細。」

我是一個浪漫的人，迷情調、迷美麗，可是雙安是個務實派，生活中只有工作和吃飯。一上桌，我還沒吃進兩口飯，他已經吃完離座了。

我說：「我還沒吃完呢。」

「怎麼樣？」他一頭霧水。

「你應該坐下來陪我吃。」他人坐下了，可是不停的問：「吃完沒有？還沒吃完啊？」也不陪我說話，只是滿腦子在想事情。

但他也有體貼的一面，知道我喜歡吃西餐，偶爾會放棄自己偏好的家鄉菜，帶我去高級的西餐廳用餐。有一次在五星級的飯店，有著充滿情調的布置、水晶杯、銀餐具，而桌上點著蠟燭，有三名歌手走到在我們桌前，動情地彈著吉他唱著情歌。

牛排上來了，雙安催促我：「快吃、快吃！」

我說：「等一下，人家在我們面前唱歌，不專注凝視傾聽，很不禮貌。」

「那等一下冷了怎麼辦？」他說。

類似生活細節差異，層出不窮。起先我會不高興，問題是他根本不知道我為什麼生悶氣，到後來我也想通了，兩個人要互相給對方空間。我的一個女朋友，常以能掌握丈夫的行蹤洋洋自得。丈夫到大陸出差，剛下飛機她電話就到，剛進旅館，她也掌握得分秒不差，可是最後還是離婚了。

媽媽說得好，妳要看他的優點，他心胸寬大，對妳容忍，對我孝順，對員工照顧，這樣的人多麼難得。的確，他是我前所未見的好人，對誰都寬大為懷。其實他雖然看起來沒有情調，但還是粗中有細的，我想那份細，就是他常會設身處地的為別人著想。

比方說，他知道我喜歡酒，家裡酒櫃裡擺滿了好酒，都是他特別為我買的，而他自己卻很少飲酒。

剛結婚時，他每次出差，回來就送禮物給我，但我總嫌那些東西好土。有一次他去日本，買下在旅館精品店櫥窗裡展示的昂貴服裝，紫花外加土黃色，是我很不喜歡的配色，我收了下來，但一次都沒穿過。

隨著年歲漸長，我也學會了體貼他的心意，送我禮物是他表達愛意的方式，何必斤斤計較我個人的喜好呢？每個人有每個人的審美觀、每個人也都有個人處理事情的方式，我不該強把自己的喜好或方法，加諸在別人的身上。

更因為長期觀察雙安的行事為人，也有一些潛移默化的體會；他的體貼，深得人心，與他共事過的許多人都感念他的善良與敦厚。

雙安是個提得起放得下的人，當年，他日理萬機，從早忙到晚，四處視察基地，考察各國的投資環境，即使年屆八十，他仍然沒有退休的念頭，不過，那時我們會花較多的時間在山上別墅，應酬極少，他生活調適得極好，打高爾夫、游泳、種菜自娛，享受田園生活。

我們家居生活簡單閒適，每天早上五點起床，兩人在二樓陽臺上飲茶，坐觀山上雲朵的瞬息萬變，看東方日出前，天上藍紫灰紅色彩由清幽逐漸轉為斑斕、終至一片燦爛！回想我倆這一生，也經歷過日出破曉前的色彩，只不過是由炫目而轉為柔和。

我們很珍惜這一日初始的時刻，談心、談過去的趣事，甚至他童年的艱辛，然後我們會踩著露濕的草地散步，開始一天的生活。

與雙安在海邊散步
是最美好的回憶。

雙安手上的《情繫
黃雙安》是我寫給
他八十歲生日的
禮物。

我與雙安的印尼度假別墅位在山坡上，每逢清晨水露正盛時總能看到一抹彩虹劃過山間。

Betty likes it different

AFTER only two weeks here, Taiwan singer Betty Pai Ka-lai thinks Hongkong is just wonderful. Betty, a Mandarin singer, has been appearing regularly on TVB as well as in nightclubs. "The shopping is good and the busy way of life is so different," she says.

Hongkong's most widely read afternoon English newspaper

China Mail

FIRST 中國郵報

No. 41524 FRIDAY, NOVEMBER 24, 1972 20 cents

TV GUIDE 電視綜合週刊

中華民國66年9/26→10/2

NT$ 16

第二屆電視金像獎選拔特大號

▲訪白嘉莉溫暖可愛的家(見一二頁)

10月/2日

第75期

白嘉莉 陳文彬攝

福祿壽喜

春節特別節
年初一晚播
雜耍歌舞戲

台視大年初一晚間播出「福祿壽喜」春節特別節目，白嘉莉主持，有歌唱、舞蹈、短劇、相聲、雜耍、國劇等包羅萬象，由台視一流紅歌星、國台語明星傾力合作演出。

第一個開場節目，是全體數十位明星大合唱「賀新年」，像這樣星光燦爛喜氣洋洋的盛大場面，可謂空前未有，因此本刊特登出這張熱鬧非凡

臺視大年初一晚間撥出「福祿壽喜」春節特別節目，白嘉莉主持，有歌唱、舞蹈、短劇、相聲、雜耍、國劇等包羅萬象，由臺視一流紅歌星、國臺語明星傾力合作演出。

第一個開場節目，是全體數十位明星大合唱「賀新年」，像這樣星光燦爛喜氣洋洋的盛大場面，可謂空前未有，因此本刊特登出這張熱鬧非凡的照片，一來向讀者「恭賀新禧」，二來介紹臺視春節特別節目盛大場面。

白嘉莉的四個願望

小鳳

台視新節目「歌舞賓果」出現以來，各方佳評如潮，已博得千萬電視觀衆們的好評，尤其那位美麗的節目主持人白嘉莉，更是美麗大方，儀態萬千，難怪在十大歌星選舉裏，白嘉莉也始終保持着相當的領先地位了。

提起這次歌星選舉，白嘉莉總會展露出那美麗的笑容說，她眞不知道該怎樣感謝那些支持她的無數觀衆和讀者才好，因爲她從來沒有拉過一票。

白嘉莉說，她知道那每一張選票，都是眞正愛護她的觀衆或者讀者朋友們所投的，她要特別在此向他們每一位致謝。不過，她也借此機會向支持她的觀衆提醒一下，請千萬別把「莉」字寫成「麗」字，要不然那張選票就要作了廢，豈不是太辜負了觀衆的好意了嗎？

「最美麗的節目主持人」白嘉莉，自從主演電視小說「風蕭蕭」以後，已變成了一位名符其實的影視歌唱三棲紅星，以及最忙碌的廣告模特兒。

譬如說，她新的影片源源不斷而來，只要有一點空閑，就成爲了廣告商角逐的目標，眞正的忙得不亦樂乎！

白嘉莉說，現在她除了主持每週一次的「歌舞賓果」節目外，幾乎再也沒有時間上別的電視節目了，這也是她內心太抱歉的事，所以她已經悄悄地告訴自己，她一定要多上一點「羣星會」，甚至找機會再演演電視小說，即使再忙一點，她也願意。

最近，許多關心白嘉莉的觀衆們，都寫信問她，爲什麼很多新的節目總會請她擔任節目主持人的，這幾乎使她無法解釋，不過這一次她從「歡樂周末」而調到「歌舞賓果」，事實上完全是和廣告客戶的意思，而且她因此也接受了相當高的條件。

白嘉莉也很喜歡那首叫做「四個願望」的歌。

譬如說，她現在的四個願望是——

第一個願望是想找個機會，到國外去唸唸書。

第二個願望是想和像「輪椅神探」男主角那樣的大明星，合演一部戲。

第三個願望是再演一、兩部電視小說。

第四個願望也許就是想找一個眞正的如意郎君了。

輪椅神探訪華時和白嘉莉合影

每期爲你介紹你最喜愛的星星星

白嘉莉自從接替丁琪主持「歡樂周末」節目以後，各方的嘉評如潮湧。因爲她不但美麗大方，儀態萬千；而在應對言談上，她的那種高度的機智和雋永，尤受觀衆稱道。她主持節目，總讓人深深的感覺到「一氣呵成」的味道。

說起她的成功來也並不是偶然的，這中間有太多她自己的心血。

白嘉莉在十幾歲時就步入社會，最初她想當歌星，但是應考中央酒店的歌星，她並沒錄取，也許是因爲年紀太小，聲音還不穩定；但是她那讓人一看就立刻能感覺到的清新感，却讓他們留下了她，她也因此而成了一個轟動一時的節目主持人。

自從成了中央酒店主持人之後，白嘉莉也開始了她自己的奮鬪。她拼命的學英文，只要一有機會，她總是找外國人聊天。雖然最初，她常把三個動詞連在一起運用，但是就因爲這種不怕錯誤的精神，她學會了够她表達的英語，她說：「最初，我說的根本不成句；但是不開口怎麼能學會呢？」畢竟是皇天不負苦心人，現在她已能對答如流了，而且台視一些招待外來貴賓的責任也落到了她的身上，如前半年「輪椅神探」的男主角來台觀光，白嘉莉就是最好的一位公共關係明星。

除了學語言，她也開始了儀態的課程，她注意自己說話的聲音，臉部的表情，走路的姿態，還有更重要的是訓練自己的機智。

三年的時間使她由一個黃毛丫頭成爲了一個熠熠閃亮的明星，而且似乎時間越長，她的光澤越發耀眼。

白嘉莉進入歌壇却是她成了「最美麗的主持人」之後的事情。最初她是玩票，然而她優美的台風，充滿韻味的神情，使台下觀衆領略了歌星另一種風味，白嘉莉也因而走上了歌壇。在台視的許多歌唱節目中，她也成了最熱門的人物，如以前的「時代之歌」，以及擁有最多觀衆的「羣星會」，她都曾是其中台柱。

但是最近，她突然疏於歌唱了，除了在電視裏還常唱唱，在歌廳已見不到她的蹤影，因爲「電視小說」「風蕭蕭」突然揭發了她戲劇的愛好。

白嘉莉在「風蕭蕭」裏演紅舞女白蘋，確實是生動而感人，令人難忘。她這次的演出曾使許多製片，導演刮目相看，也使許多人動了找她演戲的念頭。從「風蕭蕭」到現在這半年的時間裏，確實有許多人找過她。但是白嘉莉非常愛惜自己的聲譽，而且非常肯上進，她希望有好的搭配，以便跟着學習，因此她推掉了許多劇本。不過她這種天才應該是不會被埋沒的，聽說台視另一部「電視小說」中又有意思安排她演出了。要是她眞能在電視的不斷磨練中而走上影壇，未嘗不是個最鞏固，平實的路子。

不過不管怎麼說，白嘉莉還是一個最出色的主持人，尤其是電視業一天天發展，主持人更是不可缺少和難求的人才，她應該是要更形把握住自己，發揮她的才華才對。

「歡樂周末」的助理小姐蒙露貞，是一個非常可愛而靈巧的女孩，她一身像「赫本」一樣，充滿了「骨感」，而在那特有的「骨感」中，發散一種感人的瀟洒。

白嘉莉站在聖誕樹前

白嘉莉在「風蕭蕭」的造型

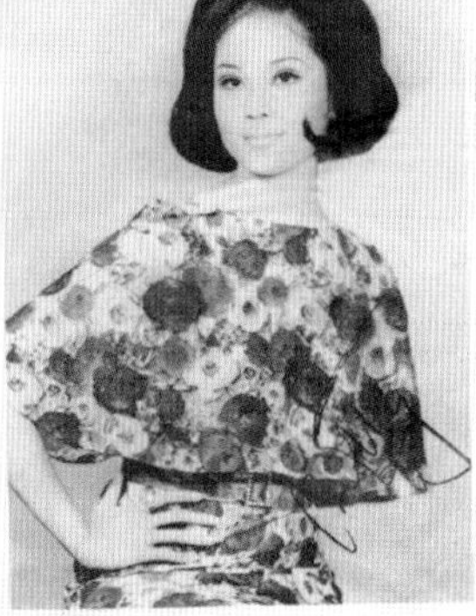

從中央酒店的賓儀到「時代之歌」的節目主持人，進而在夜巴黎歌廳初試啼聲，白嘉莉的名字已經不脛而走！再以她自己不斷的學習和努力加上那與生俱來的絕代風華，於是由新加坡載譽返國後就馬不停蹄地被各方爭相羅致！無論載歌載舞的出現在華星會裡，抑或電視小說「風蕭蕭」裡的白蘋，或者是時裝表演中充當模特兒，白嘉莉都是以很認真的態度來表現自己、去對待觀衆，至於主持節目那更是無人能出其右了！

這裡爲讀者介紹兩張白嘉莉的全身照片，請你特別注意那双修長勻稱的腿！當本刊遠銷到歐美各國時，那些金髮藍眼的時裝模特兒將會爲之黯然失色！好萊塢的製片家這時會後悔沒能早些看到這本彩虹雜誌了!!

白嘉莉

•風華絕代艷光照人•

一直以來我擔任節目主持人，訪問過許多知名人物，後來自己卻成了報章雜誌訪問的對象如今想想令人莞爾。

新光人壽　　中華民國六十年（四月號）

《新隆》衣料 ＋ 奇異服裝——兩大權威的結合！

衣料的權威・服裝的先鋒！

《新隆衣料》奇異牌服裝是奇異服裝公司採用風行全省的《新隆衣料》精心設計裁製而成。
穿上"奇異"將您帶入了"奇異的世界"，您會產生"奇異的感覺"。
您的周圍也將因而產生"奇異的改變"——
男人看您發出"奇異的讚美"
女人看您放出"奇異的嫉妒"
一切的一切，都是奇異的奇異！

●啟事

凡新光人壽保險股份有限公司、大台北瓦斯股份有限公司、新光合成纖維股份有限公司、新光實業公司之客戶或職員，均可憑證向台北市博愛路七十一號奇異服裝公司、各大百貨公司之代銷處購買，可享九折優待。

新隆®
SHINLON
POLYESTER 100%
新光合成纖維股份有限公司

奇異牌
高級服裝
奇異服裝股份有限公司

白嘉莉是婚姻中的主持人

鄭桂平

△上節目前▽

白嘉莉只爲化粧忙

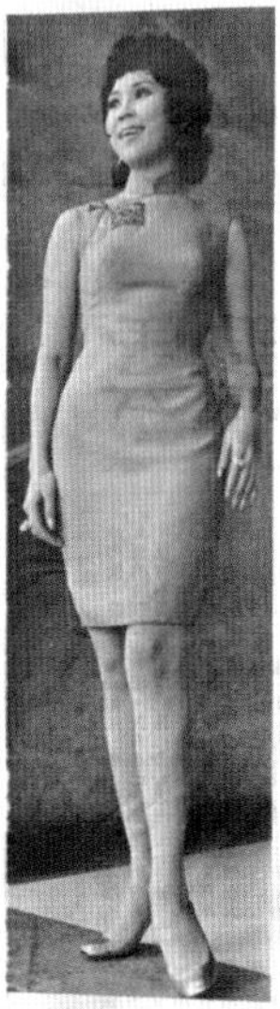

白嘉莉對着鏡子坐着，目不轉睛的注視着自己，越看越不滿意：

「我不該只帶這頂假髮來，它使我的臉看起來像個油餅似的扁扁的。」

「啊呀！原來佈景是田園風光一片綠油油，我卻正巧穿一件綠旗袍，在彩色電視裡，觀衆眼一花，被滿眼翠綠欺騙，以爲白嘉莉只有頭和手臂，沒身體了！」

「哎呀，手上光溜溜，偏偏該死的旗袍又沒袖，這怎麼得了？」

猛的一下，她站起身來，保持頸子以上不動的姿勢小跑步到電話邊，那模樣正像一隻美麗而驕傲的企鵝，（她怕抖壞了尚未戴好的假髮，所以頸子以上的頭部不敢亂動。），勞駕她那玉指，熟練的撥着號碼：

「喂，是小萍嗎？我是姐姐啊，」她對着電話筒，展開伶俐的口才：「替我將新做的白喇叭長褲、藍條子襯衫帶來，還有那三圈白金鍊子、白運動帽、翠玉戒指、銀色高跟鞋、碎鑽耳環……妳記得沒有？」

剛剛掛上電話，立刻又想起什麼？趕快提起話筒，又以最快的速度撥號：

「喂！喂！是小萍嗎？姐剛剛忘了說，還得替我帶那一對在菲律賓買的鐲子來。」

說完話，掛上聽筒，白嘉莉嘔氣的坐回鏡子前面，不厭其煩的再整理她的假髮，那是一頂最時髦的「蓬皮式」，她一本正經的對記者說：

◇廖國弘◇

「這種毛茸茸、小圈圈的蓬皮式假髮，最怕風吹，甚至微風輕輕拂過，它也會變成一種糟透了的樣子，所以每次上節目前，我都要服侍它像服侍祖奶奶一樣的慎重小心。」

可不是嗎？白嘉莉本身，雖受盡了恭維和讚美，但是她對於這項不太乘的頭髮，可不敢端絲毫的小姐架子。

這時，謝雷穿得齊齊整整的走過來，站在白嘉莉的身邊兒問：「嘉莉，聽說妳有一棟房子要割愛，想換棟大洋樓是不是？」

她仍然注視着鏡子，一聲不響。

「喂，聽到我的話沒有？」謝雷眞有點生氣了。

這一大聲吼，才把「最美麗的眼光」從鏡子裡拉了出來：

「別那麼大聲叫，嚇着了我，要你負責！告訴你那房子是我媽媽的，你去問她好了。」

說完，眼光又重回鏡子裡去了，謝雷搖搖頭，他知道這時候，任何事情發生在白嘉莉的四周，都不可能引起她注意，除了鏡子裡的她自己。

接着「葡萄樂園」的節目製作人游國謙匆匆忙忙的進了化粧室，一眼看到白嘉莉，如獲至寶：

「拜託，拜託，千萬幫忙！我的新節目葡萄樂園明天開播，妳撥忙做一次我們的首位特別來賓好嗎？」

對於這一位孩子氣重，幹勁兒

報周刊

一期《》中華民國六十九年

入高齡產婦之列。可是，她還是沒有做媽媽的打算。

究其原因，不是她不愛小孩，而是她已有一個更愛黏著她不放的「大小孩」——「黃先生」；黃雙安不願因嬰兒的誕生，分享了白嘉莉對他的愛。

黃雙安黏白嘉莉的程度，傳頌在白嘉莉來自印尼的朋友間。黃雙安只要回到家，白嘉莉就沒有了自己；他看電視，要她坐在身邊；他休息，她不能離開他的視線；從他進門的那一刻起，白嘉莉就得停下一切手邊的事，只爲了他要求陪伴。

白嘉莉說，如今的黃雙安，又是非她親手做的菜不吃的。爲了這個緣故，在不影響陪伴他的情況下，白嘉莉要在黃雙安下班前，將飯菜做好，這樣，黃雙安回來後，她就能安心的陪他，飯菜由佣人熱一熱卽可。

三年前在台灣做小姐的時候，白嘉莉是從不上菜市場的；那時候，她做臉、美容、服裝，有專人固定到府，出外作秀、主持，價碼總是頂尖。然而一旦嫁做黃家婦，不但常上菜場，還洗手做羹湯，以美食吸引黃雙安的胃，叫他一天三餐心甘情願的在家裏吃。

在印尼，白嘉莉的名聲自然不及黃雙安響亮，可是她却有一種叫人看過卽不容易忘記的本領，這一點，令黃雙安很煩惱。常常，走在路上，因開放觀光而出國旅遊的老太太，見着了白嘉莉，他鄉遇故知，總是情不自禁拉著她合照，這時候，印尼商界鼎鼎大名的黃雙安，可是受冷落了。

從絢爛歸於平淡，未曾帶給白嘉莉寂寞的感覺。從前「銀河璇宮」時和她合作的導播說過，因爲白嘉莉長久以來就習慣於工作之後的獨處，所以雖然遠嫁印尼，但有個與之相敬如賓的丈夫，更令她原本沉靜的個性，得到最適意的放鬆。

中華民國八十四年十月十三日 星期五 聯合報

憶往傷逝淚難禁：白嘉莉昨天往筠園祭悼鄧麗君，望著墓碑才相信這位好友真的走了，忍不住鼻酸，摘鏡拭淚。 記者王忠明／攝影

白嘉莉佇立墓前
黯然憑弔早逝芳魂

微雨的筠園 乍寒的風中

【記者黃北朗／台北報導】昨天，微雨輕寒，白嘉莉的心情有如台北的天空，在前往鄧麗君長眠之地的途中，她一路沈默，有如跌入時空的黑洞，哀傷著某些人，心疼某些回不來的事！

踏進國門，就想去筠園，終於成行，白嘉莉心情複雜，她說，不看見墓碑，還可以拒絕相信，但是真的站上筠園，那她就無法自欺了。

穿過市區，經陽明山，再往金山，兩個小時的車程並沒能理清白嘉莉的前塵往事，當她終於看見筠園，攝影機、人群擁上，她捧著百合、白玫瑰，前移的腳步毫不遲疑，當她終於見到了事實，鄧麗君甜美的歌聲在溫柔迴蕩，白嘉莉輕拭眼角，她終於不得不相信，年輕的鄧麗君真的說走就走了，從此只留歌聲讓人低迴追憶。

悼祭的歌迷依然很多，鮮花簇簇，人們輕言低語，白嘉莉看在眼裡，忍不住說：「這麼多人愛她，安眠的地方景色又如此秀麗，相信她會開心的。」

白嘉莉擁有鄧麗君的所有唱片，她自認是個忠實的歌迷，而且在海外，她們於機場、朋友的飯局中也常會不期而遇，所以在她心中，她們不算是非常熟稔，但也並不陌生，因為她人太好，和她接觸過的人無不讚美，只可惜，她走得實在太早了。

歌迷也紛紛擁向白嘉莉說要合照、簽名，一開始她有些侷促，一向心思細密的她深怕不宜，但人群太熱絡，她也就只好順應。

停留的時間不長，但白嘉莉覺得真是人事無常，她一直覺得好難過好難過，「真的應該珍惜現在。」一面感嘆，一面在回程的車上頻頻撥電話給老朋友，她說：「感情該即時表達，免得以後後悔。」

自由時報

睽違攝影棚16年 再度進棚不生澀

白嘉莉最美麗的影中人

【記者林育名/台北報導】有「最美麗的主持人」之稱的白嘉莉昨（十四日）拜會華視，在睽別攝影棚十六年之久後，白嘉莉心情愉快的首度進棚錄影，為她的小專輯「二個美麗女人的約會」接受方芳芳的訪問。

這次為十月慶典專程返國的白嘉莉，昨天上午十一時特別前往華視拜會張家驤總經理，並接受華視致贈的一枚「華視之友」金牌，隨後在下午二時三十分首度在華視一棚為自己的小專輯進棚錄影。

一切造型服裝都由自己打理的她，甚至對棚內的燈光都知道自己找位置，讓方芳芳不禁嘆道：白姊真是天賦異稟，十項全能，難怪是「最美麗的主持人」。

在昨天的錄影過程中，製作單位特別安排幾位，白嘉莉的昔日工作伙伴，包括「銀河璇宮」製作人陳君天、導播黃國治及張小燕、孫越、金燕等人來談白嘉莉，其中張小燕表示，當年自己在白嘉莉的「銀河璇宮」裏和孫越演短劇，覺得她是一位了不起的女人，懂得照顧先生的；而陳君天則對白嘉莉的能吃相當佩服，他說白嘉莉能從頭吃到尾，但是身材卻絲毫不變，甚至一雙美腿更是令女人嫉妒。

對於當年如何會決定嫁給黃先生，白嘉莉則向方芳芳傳授說，這是一個緣份，投緣就對了；至於目前在國外的生活，白嘉莉表示，如果待在印尼就打球、游泳、畫畫，否則差不多的時間都在國外走動，陪伴在先生旁邊照顧他。

▷白嘉莉在方芳芳眼中是個天賦異稟、十項全能的主持前輩。（記者周志全攝）

25

汶萊皇室下午茶

一九九〇年馬來西亞丁加奴州蘇丹王頒贈象徵皇室最高榮譽的 DATO' SERI「拿督斯里」給黃雙安，這是蘇丹王首次頒贈給外國人的最高榮譽封號，我也很榮幸接受蘇丹王頒贈 DATIN' SERI 「拿汀斯里」。

走遍世界各地，常會在當地機場或重要公共場合及政府機關，見到高高在上懸掛著的總統肖像。通常，是總統一邊、副總統一邊，但汶萊不是。

雙安在汶萊設有水泥工廠，他每投資一個地方，都會對當地有所回饋，汶萊也不例外，這次也捐款給當地學校，汶萊王室於是發出請帖，邀請我們夫婦喝下午茶。

一九九四年十一月十八日，我們飛抵汶萊，進入機場的第一剎那，我有點驚訝，大家口中富庶之地的汶萊，機場比想像中的質樸陳舊，反而比較像是鄉間地方的小型機場。

踏入汶萊國土還有一個特別的印象：進入眼簾的是三張照片，哪三張呢？國王和他的兩位妃子。「這三人世界不會太擁擠嗎？」我笑著問雙安。但我隨後進入金碧輝煌的皇宮後，自行找到了解答：三人並不會太擠，因為那宮殿實在太大了！

車子駛離簡樸的機場後開到市區，眼下所見彷彿來到漁村，有灰色的屋頂、狹窄的小路，雖然這是一個產油國家的首都，但據知，汶萊在國際上並不以觀光作為號召，因此才能看見真實的生活樣貌，而非為觀光客所規劃設計的指引及景點。

但是經過一處大廣場時，矗立在眼前的，是一座金碧輝煌的回教大教堂，金色的屋頂，宏偉的建築，彷彿所有國家的預算，都用到這幢建築上了。

車子再往前走，經過一幢幢的低調樸素的屋舍，突然眼前又是一亮，哇！好美的草地與環境，原來那是一座跑馬場，聽說那裡的馬都是養在冷氣房裡的。英國查理王子也來這裡打過馬球。

王宮的富麗堂皇自是不在話下。一進前堂，全是大理石建材，兩邊室內魚池綿延近十公尺，飼養著許多許多肥大名貴的各色錦鯉，難道他們也相信中國人的風水之說，相信遇水則發，年年有餘？

進到皇宮內廳，汶萊第二王妃已在廳內等待我們，原來她也就是機場懸掛王室照片中、三人行不嫌擠的其中一位。王妃穿著質料上好的絲質馬來裝，外型甜美親切，只可惜那張秀美端莊的臉蛋及小巧玲瓏的身子，都給包裹得密不透風，讓人難以窺得全貌。

皇宮陳設充滿馬來風格，用金雕玉琢形容毫不過分，所有家具都是金質裝飾，從沙發把手，茶几邊緣，燈座，在瓶裡的假花、窗簾，全是金質和金線綴成，地板上鋪著厚實柔軟的高檔羊毛地毯。

半小時的茶敘時間裡，另有兩位女性首長陪同我們，在回教國度裡，女性能在社會占有一席之地，真的也是不容易。她們身上穿著大塊花色的馬來服，從質料及作工看來並不華貴，甚至稍帶點鄉土氣息，但談吐舉止中規中距、得體大方，想來也是經過一番奮鬥努力，才能走上今天的職位。

當年的汶萊之行讓我頗有感觸，一個國家再怎麼富有、福利再怎麼完善，但要確實做到均富實屬不易，但只要假以時日，在國家的政策保障下，讓國民都能同享受教育的機會，那麼，優秀的人才都會有出頭天、表現個人才華的機會！

一九九四年汶萊王室邀請雙安（右二）及我前往皇宮喝下午茶，在富麗堂皇的皇宮內廳裡，汶萊第二王妃（左二）及部長熱情接待我們。

26

俄羅斯之旅

照片提供 Julia

冷戰時期，蘇聯「老大哥」雄霸東歐與中亞，與美國並列世界雙強，世界上第一個太空人就是蘇聯送上去的。在那時候，這個西方世界眼中的北方帝國，被塑造成擁有核武和侵略野心的形象，就連以「世界警察」自居的美國，都要對他們敬畏三分、日夜席不安寢。

曾幾何時，如同將東西德隔開的柏林圍牆一夕推倒般，蘇聯彷彿鋼鐵般的政權，也在某個契機下瓦解。蘇維埃政權已走入歷史，人們熱衷追求經濟發展，畢竟褲子比核子重要，麵包比大砲重要。

如今的俄羅斯已今非席比，過往投資客眼中的金磚四國時期，世界熱錢流入，結果造就了一批富豪巨賈，他們財力雄厚、四處置產。印尼巴里島擁有溫暖的氣候，想當然耳就成了他們的避寒度假勝地。

記得多年前，我的生日宴辦在峇里島度假別墅區裡，有見到一群包機前來的烏克蘭人，穿著高貴禮服，坐在鋼琴酒吧裡歡聚宴飲，他們各個面容精緻、姿態傲視群倫。這讓我想起二〇〇一年，隨雙安去俄羅斯考察商務的點點滴滴。

二〇〇一年的八月，我們由大陸搭機去俄羅斯，此行主要是考察森林開發與投資環境。九天的時間裡，行程橫貫歐亞大陸；從莫斯科開始、經托木斯克、依爾庫斯克、烏斯季伊里姆斯克、布拉格維申斯克到海參威，總全程五千多公里。當地幅員廣大，加上沿海交通又不便利，於是我們決定包機前往各地，因此被視為凱子狠削也是稀鬆平常的事。

抵達莫斯科以後，住在相當於北京釣魚臺賓館等級的總統飯店，但旅館陳設與氣派度差了許多。莫斯科紅場的壯觀宏偉與歷史感，讓我印象深刻，周邊運河潺潺流動的水，也像述說著這個城市的悠久歷史與文化。

當地政府派了一位Tatiana小姐，陪我參觀了莫斯科修道院、處女墓、博物館和大教堂，每一處景點都蘊涵了豐富的文化與藝術。莫斯科給我的感覺就像當地人的身形，非常的「大」。

這麼一個美麗、充滿歷史典故與藝術內涵的地方，實在是值得放慢腳步細細欣賞，只因當時是隨同商務考察，無法佇留細細品味，甚為可惜。我許下心願還要再來這個國家，特別是上次未能親炙細賞的聖彼得堡，下次一定要專程再來一次，可惜至今未能如願。

俄羅斯當地也有不少福州人在做生意，福州同鄉們知道印尼大企業家、世界福州十邑同鄉總會長黃雙安來了，自是熱情款待，非要請我們吃飯，飯後還親自開車相送。

那天天色已暗，我人生地不熟又旅途勞頓，完全不知道一路上有多麼危險，回到旅館才聽雙安提起：「妳知道剛才後面鄉親是帶了機關槍保護我們嗎？前面那輛車，不是普通的車子，上面坐了警察，俄羅斯黑道猖獗，人人有強大火力，綁票殺人時有所聞呀！」聽得我頓時一身冷汗。

到了依爾庫斯克州，州長特地接見並設下豪華俄羅斯宴席款待，在阿穆爾州停留的時候，女性副州長會面時大力推荐投資環境，並豪爽的邀請我們吃飯，雙安自是欣然赴約。當晚，俄方來了三十多人、場面浩大，開了一百多瓶伏特加酒，讓我也見識了俄羅斯人酒量驚人的一面。

不禁令我想起一個笑話：一名俄羅斯醉漢開車上路的時候，被一個警察攔截，要給他開罰單。醉漢不滿的說，罰就罰，來一個警察就夠了，何須要三個警察？這時也聽到那位警察回答說：喝醉酒開車，要是一個人在車上也就罷了，還要五個人開一輛車，不罰你罰誰呢！

要懂得這個笑話，需要一點想像力，但也間接證明了俄羅斯人喝酒不是蓋的！我們在俄羅斯期間，商務部派人隨時跟著，表面為陪同，其實應該是監視我們的行動吧！後來有人告訴我們，其實那根本是國家安全委員會（KGB）成員。

那一天的晚宴，連副州長、商務部長、警察在內三十多個人，喝光一百瓶伏特加烈酒，更離譜的是，吃光喝完他們就一哄而散，所有開銷全由我們負擔，完全是標準的「我請客，你買單。」

抵達托木斯克時，一到旅館，在極凍的天氣中，竟然沒有暖氣，打開水龍頭，也沒有熱水，雙安當機立斷：「這種地方不能待，一天也不要留，生意不要做了。」我立刻下樓，跟還在樓下等著分配鑰匙的公司經理說，趕快聯絡還停在機場的包機駕駛，讓飛機等著，這裡連暖氣熱水都沒有，我們要立刻動身去下一站。

這時，卻聽見旁邊那位俄羅斯人用字正腔圓的北京腔說：「真對不起，我來跟他們商量一下，把暖氣給你們接上。」簡直出人意表，我一點都沒想到這外國人不僅聽得懂、還說了一口好中文，頓時覺得自己有點失禮了！

俄羅斯之行至少我學到了：說話要小心，你以為聽不懂中國話的外國人，其實聽得懂；還有，有人說要請客的時候，可能是你買單。

27

南斯拉夫驚魂

張光輝 攝

SATPAM

我的一個女朋友，曾經費盡心思去埃及旅行，結果金字塔還沒有參觀到，人就困在旅館裡，等待華航加飛班機，進行撤離臺灣僑胞及旅客，因為埃及發生了暴動；機場、道路，各重要建築都被不滿政府的民眾包圍，據她後來轉述，她是倉惶而逃，上演了一齣標準的「出埃及記」。

這也令我憶起若干年前在南斯拉夫經歷的類似驚魂記。

那一年，南斯拉夫一間工廠倒閉，雙安打算購買他們的大型機器，於是帶著公司經理、技術人員及新加坡方面的人員，一行多人共同前往，我當然是他每次出訪必帶的「跟班」。

飛機抵達當地以後，直驅首都抵達我們預定居住的君悅飯店。因為之前聽說這裡戰火連綿，想像肯定是一塊貧瘠之地，沒想到進入飯店，內部陳設竟然相當豪華壯觀，其間的恢宏氣派與服務細膩，簡直是世界一流！

餐廳裡食物美味可口，賣相精緻，每一樣都讓人食指大動，所有礦泉水都是法國進口的Evian，更重要的是，觸目所見皆為俊男美女，南斯拉夫人長得真美，美到像西洋畫裡走出的古典美人。

當晚，我們在住宿酒店的餐廳宴請印尼駐南斯拉夫大使，與西方國家五星級飯店一樣，這裡可提供最名貴的紅酒。但是，聽說這華麗包裝以外的世界，卻是艱苦難捱、民不聊生，物質缺乏到民眾想買塊麵包都要排隊許久，這，真是一個兩極的世界！

第二天一早，我們就去工廠看機器。沿途所經，均為地勢險峻的山區，懸崖深谷、地勢陡峭，聽說國際武打巨星成龍在此拍片時，曾不慎摔傷，但坦白說，這裡的確是拍片的美景，不得不佩服勘景人的眼光。

往山區途中，我注意到沿途好多的軍車停在路邊，上面漆著聯合國大大的英文縮寫UN，好像很多地方都戒嚴了。那時南斯拉夫正遭受美國在內的國際制裁，境內感受到一股山雨欲來風滿樓的緊張與肅殺之氣。

外面既然哪裡也去不了，出門也不安全，我們只得待在旅館裡，還好各種享受俱備，我們就不停地品嘗美食、觀賞美女。旅館的精品店裡擺滿了玻璃製品，一看標價，貴得驚人，我很疑惑有誰會掏腰包去買。

印尼大使為答謝我們第一天的邀宴，回請我們至官邸用餐。席間只見他不停地接電話，似在安排什麼重要事務。飯後他告訴我們，你們可能走不了了，情勢緊張，館方正安排撤僑。我安排你們明天一早搭機離境。

第二天一大早，我們便到機場，那裡已經擠滿了人，各個面色沈重、行動倉皇，我們也只想趕快搭上飛機離境。但等了半天卻得到機場通知：「機場已經關閉，所有飛機停飛。」這可怎麼辦？機場內亂成一團，我們只得先回旅館，但才要步出機場大廳，又聽說有一架法航班機可以起飛前往巴黎，但需要以高額美金現金支付。

雙安有過很多驚險經驗，他明白有時候想要脫險，身上得有大筆現鈔，換句話說，要「留下買路錢」，所以隨時「身懷巨款」。他當場付足了所有人的機票錢，我們也就安然上了飛機。

人都坐滿以後，機上廣播：「飛機正等待法國機場的通知，馬上就可以起飛。」但十分鐘、二十分鐘、三十分鐘、一小時、兩小時過去了，還沒有起飛的動靜，這時候機上又廣播了，說因為機場關閉，不准飛機起降，我們必須下機，但已經交了的一個人兩千多美金的機票錢呢？我們早已找不到當時收錢的人了。

幸虧陪同我們去機場的使館人員，尚未離開機場，於是把我們帶到大使館，由大使館派出兩輛座車，把我們一行人送到匈牙利，再試圖從陸路回巴黎。沿途緊張萬分，簡直可用五步一崗、十步一哨來形容；也幸虧這輛是大使館用車，還有使館出具的文件，才得以一路安然過關。

進入匈牙利境內住了一晚，緊挨著我們的旅館旁，竟然設置有賭場，在房間裡打開電視，竟然出現色情頻道，完全讓我想像不到，共產國家也會如此開放大膽，簡直讓我大開眼界！第二天一早，走出飯店，才發現這是一個景緻美麗的國家，可惜經過如洗三溫暖般的驚險經歷後，根本無心欣賞。一直到抵達巴黎，我們才感到呼吸到自由新鮮的空氣，真好！

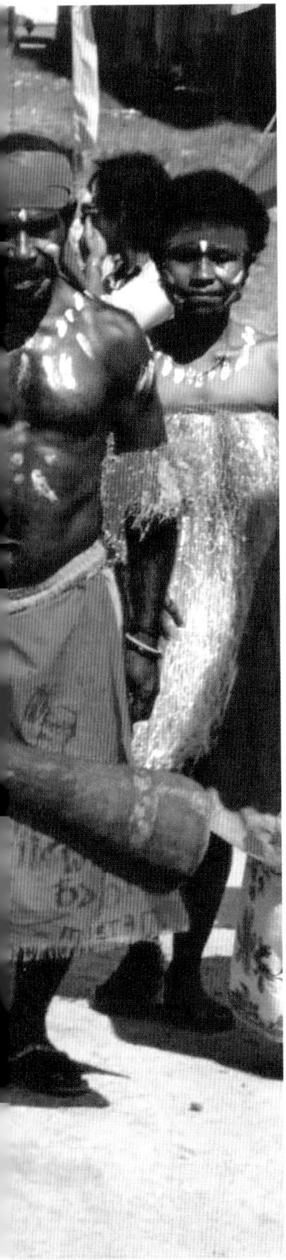

張兆輝 攝

張兆輝 攝

28

羅密歐的信

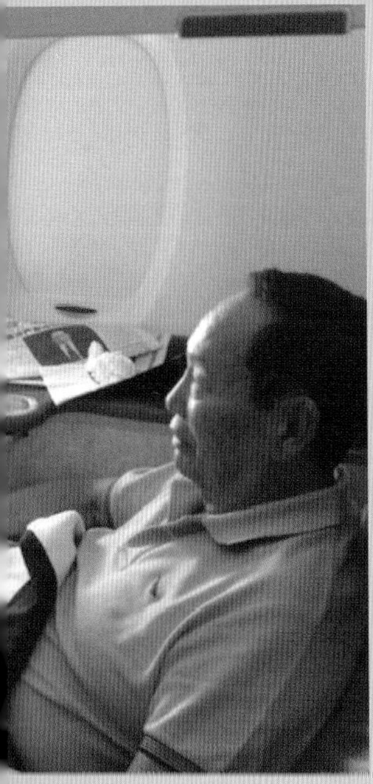

如果你收到一封由羅密歐和茱莉葉寄來的信，會是什麼心情？充滿狐疑、認定有人開玩笑，還是驚喜若狂，以為有戀情要發生了？

我在瑞士，收到了一封這樣的信，就在豪華總統套房裡。

一九九九年，我和雙安去瑞士度假，住在非常有名的Des Bergues飯店總統套房，這家酒店現在已改名四季飯店。Des Bergues之有名，是因為很多國際級明星都會指定居住，房間要價不斐，當時住一晚至少需三千美金，現在想必更加昂貴。

總統套房不僅寬敞氣派，還附有健身房，大概也是顧慮到明星的隱私、不希望被打擾吧！

住進來第一晚，雙安因旅途勞頓又有時差，於是早早就寢。我走到客廳，想找點吃的。這時聽見「波、波、波」的聲音，原來有玻璃水缸，兩條金魚正無憂無慮地上下游移，我專心欣賞著魚兒，也漸感心情輕鬆。

逗弄著牠們的同時，我發現了一封印刷得十分精美的信件，躺在魚缸邊。通常入住飯店以後，都會在桌上看見一封飯店經理寫給賓客的信件，表達歡迎與誠摯服務的心意。我想這封信也不例外，便打開來看。首先映入眼簾的，經理署名竟然是羅密歐與茱莉葉，這就奇怪了？難道這家旅館經理換新人、而且由兩個人同時擔任？

好奇地看下去，上面貼心地寫著：「歡迎回到溫暖的家——我們的酒店。出門在外要一切小心、飲食也須注意，不過請您放心，我們酒店的一切都非常安全，你可以盡情愉悅地享用這裡提供的一切服務。『至於我們的飲食，則有專人照顧，請不要為我們費心！』羅密歐與茱莉葉敬上。」看到這裡，我噗哧一笑！原來是房間裡的那兩條金魚，名字叫羅密歐和茱莉葉呀！

瑞士以旅館管理聞名於世，洛桑的餐旅學校世界一流，但能想出這麼有趣的點子，展現瑞士式的幽默，真是別出心裁！

麥可傑克森留影的陽臺

有一年我們去西班牙玩，臨時起意打算轉至法國，但適逢網球公開賽在巴黎舉行，所有旅館都已客滿。我們搜尋各種管道訂房，還是無法如願，連平日常住的 Rits Paris 和 Le Bristol 也回覆無法提供房間。

正在一籌莫展之際，和雙安一起打高爾夫的西班牙朋友，拍著胸脯說他可以想辦法訂到一間旅館。這位朋友果真神通廣大，幫我們訂到香榭麗舍大道、美國大使館旁邊一家高級旅館。

在大廳辦入住手續時，我們護照一拿出來，旅館經理便率同三、四位高級主管出來接待。並引導我們由專用電梯走特別通道進入房間。我十分納悶，一般來說，法國人是非常驕傲的，連英文都不屑說，為什麼對我們兩位亞洲旅客如此禮遇？

西班牙朋友幫我們訂的房間即將揭曉，房內擺放十打以上色澤鮮豔、氣味芬芳的玫瑰花，也有最高級香檳和精緻絕倫的蛋糕，室內設計得美輪美奐，牆上掛著米羅、馬蒂斯、畢卡索的畫，我趨近欣賞，原來都是真跡。

此時，我想喝杯涼水解渴，卻發覺屋內除了上好香檳外，找不到一杯水。詢問服務櫃檯，原來礦泉水是要另外付費才會送來。法國人也真是奇怪，送你上等昂貴的香檳，相較之下廉價的礦泉水卻需自費！

我開始感覺到有點華而不實，這種房間通常是讓人包下來舉辦宴會，而我們只有兩個人，也只住兩個晚上，有必要如此消費嗎？第二天，謎底終於揭曉，這間總統套房當時一晚要價一萬美金，想必現在可不只這個價錢了！

中午印尼大使館人員來接我們，於是便邀請他們進房坐一坐，當他們看到滿房的玫瑰，不禁驚呼：「啊！蘇哈托總統每次來都是住這個房間！」因為他的夫人Ibu Tin喜歡玫瑰花，所以旅館也準備了這麼多的玫瑰花迎接我們！

跟這間貴得讓我有點心痛的旅館道別前，我站在陽臺上，跟在樓下等待的司機招手、請他稍等。上車以後，司機轉頭對我說，妳招手的那個陽臺，麥可傑克森每次來法國也會站在那裡，跟樓下歌迷熱情招呼及拍照。啊！這家提供香檳卻不提供礦泉水的旅館，果然獨特到非同凡響！

29

難忘大陸行

參觀位在新疆的香妃陵墓。

「青海的草原，一眼看不完，喜瑪拉雅山，峰峰相連到天邊。古聖和先賢，在這裡建家園，風吹雨打中，聳立五千年。」這首「中華民國頌」相信很多人傳唱過，我也不例外。

第一次踏上中華故土，是在一九九〇年。

當時大陸正在籌辦亞州運動會，雙安是第一個贊助捐款的海外華僑。為了表示答謝之意，主辦單位贈送了十張門票，邀請我們觀賞運動會並深入訪問大陸。

於是我們就邀請了雙安的好朋友；前新加坡駐日韓大使黃望青夫婦、曾任臺中市長後為香港政協委員的黃克立與其女兒、曾任教授的我們公司職員翁克敏，以及講得一口流利普通話和上海話的日本友人Oda先生，據說，大明星李麗華小姐到日本的時候，都是由他陪同翻譯。

一下飛機，我向迎接者客氣地說了句：「你們好！謝謝你們的安排，來接我們！」他們大感詫異地說：「黃太太的普通話怎麼說得這麼好？」

抵達北京的時候，地主特別頒發感謝狀又高懸紅布條表達歡迎，但雙安行事低調、不願張揚，要求把紅布條取下，主辦單位連說一定要表示謝意才行，雙安只好說，要掛就掛在酒店餐廳包廂裡吧！

遊覽大陸期間，主辦單位請大陸旅行社經理全陪，並有當地地陪陪同，我們參觀了故宮、萬里長城、杭州西湖、蘇州、揚州，南京以及雙安的故鄉福州。

第一次踏上大陸土地與民眾見到面，我最初的感覺是：「這裡沒有傳說中那麼陌生、而且大家都麼客氣！」想當年我第一次去香港，還是兩岸對峙時期，連經過「國貨公司」都要繞道而行，生怕對面有攝影機，把我「全都錄」，時代果真是不同了。

在故宮的參觀遊客裡，竟然遇見了「山地歌王」萬沙浪，我們稍事寒暄後，一群臺灣遊客見到我，爭相與我拍照，讓大批其他遊客十分好奇。

遊西湖那天，正好是中秋節的晚上，我們坐在古畫裡才得見的畫舫裡，船上有人唱歌，當絲竹聲響起，讓人興起「人生幾何，對酒當歌」豪邁之氣，但同時也有今夕何夕的感慨。凝視著湖上月光，感受著清冷之氣，有人問我：「有沒有月是故鄉明的情懷？」我坦白承認，並沒有。

主辦單位安排了南京中山陵的參觀行程，我的皮夾裡有一張小照片，是才幾個月大的時候，爸爸抱著我，在中山陵的階梯上拍攝的；媽媽穿著白衣，青春美麗的容顏燦笑著。

那是我的珍藏，如今舊地重遊，雖然當時沒有記憶，但因那張照片，也讓我備感親切。

遊覽蘇州時，依舊習慣每天跟媽媽通電話，我問：「媽咪，妳的家鄉武進，跟蘇州離得遠不遠？」媽媽很早就去西安讀書了，所以她對家鄉的地理位置也不是那麼清楚。但因為媽媽祖籍江蘇，讓我對那裡也愛屋及烏。

在養蠶廠，見到那些養在竹籃裡的蠶寶寶，白胖可愛，想起讀小學的時候，老師要我們養蠶，每個同學都把蠶放在火柴盒裡，小心翼翼地養著，四處尋找桑葉、觀察牠吐絲、結繭、羽化成蛾，親眼觀察生命成長的歷程，就是最早期所能接觸到，珍貴的生命教育課程啊！

蘇州河邊的斜垂揚柳，令人想起早期人人能哼上兩句的抒情歌曲「蘇州河邊」。導游口才很好、活靈活現地講述一代美女「李香君」的故事，我們一邊吃著蘇杭小點、一邊欣賞藝人拉胡琴、唱小調，耳裡聽著動人故事；這是李香君坐過的窗臺，而她在這裡彈琴輕唱、顛倒眾生。

到了長城，我有自己是女英雄的感覺；人人都說「不到長城非好漢」，如今真的來到從太空都能見到的古蹟，心裡湧現些微激動，忽然想起初中曾代表學校參加歌唱比賽，唱的就是「長城謠」不禁引吭高歌起來。雙安非常佩服長城的建造，他說以前沒有水泥，古人竟想到拿糯米當水泥，築起這樣的建築，是多麼偉大的工程！他直說：「中國人真聰明！」十三陵也是讓雙安歎為觀止的建築，那麼大的石頭，沒有起重機怎麼從東北運過來？原來是等待下雪時，將雪堆到石頭上、由雪堆中推下去，雪停時就等到下次飄雪再推，雙安更讚嘆：「這簡直是奇蹟！」

第一次遊大陸，充滿新奇，我隨時記筆記，又買了好多手工藝品當紀念。此外，也買了兩個大紫砂壺，一把密密麻麻寫著波羅密多心經、一把寫著金色壽字，至今還放置在我別墅的梯階上。

另一幅大雙面繡屏風，繡著梅花、牡丹、竹子與飛鳥，我將它用來隔開別墅的餐廳與客廳，每天都會從它旁邊走過，四十多年了，絲線未見褪色。有時會想著，不知道繡它的女孩，如今長成婦人會是什麼模樣？祝福那位用針針心血刺成佳作的女孩。

其他各式小玩藝也都珍藏在我雅加達和山上的家，這趟大陸首航之旅，讓我充滿驚喜和親切。之後又無數次的造訪，也漸漸不足為奇了！心裡還有個期盼，希望有一天能夠到父親為我取名「白沙」的甘肅敦煌，去看看絲綢之路最美的藝術瑰寶莫高窟。

一直珍藏在我的皮夾裡的這張照片，是在南京中山陵的階梯上拍攝的，爸爸抱著才幾個月大的我，媽媽穿著白衣，青春美麗的容顏燦笑著。

中國殘疾人聯合會名譽主席鄧小平之子鄧樸方（左）曾率「中國殘疾人藝術團」到印尼表演，因機緣與黃雙安（中）結爲好友，每次我們到北京都會撥冗相見。

前香港特首梁振英伉儷與我和雙安開心合照。

每次與香港前特首董健華先生相聚，我與黃雙安總是感到獲益良多。

四十一年磨出真情摯愛

閃電結婚，固然夠瘋狂，婚後種種考驗，才正要開始！

雙安過去以公司為家，雖然貴為大公司老闆，卻沒有自己的住家，我們結婚頭兩年，一直住在雅加達希爾頓飯店的大套房裡，儘管飯店再豪華、再舒適，畢竟那不是一個家、也不是我渴望的那個遮風蔽雨、溫馨放鬆的家。

人家說新婚是女人最幸福的時期，應該是滿心喜悅的新嫁娘，但是我心裡卻有一股憂愁的情緒在醞釀著。

我從明星一夜之間變成黃太太，從臺灣到印尼，人生地不熟，言語不通，一九七七年那時印尼很落後，連買個衛生紙都很難，既沒朋友又沒有一個真正的家，我十分無助，常常都感到身心俱疲。雙安又是工作狂，他只要出門上班我就開始陷入孤單徬徨甚至胡思亂想的情緒當中。

身處異鄉，閃電結婚，內心掙扎：「離開這裡，回臺灣！」每當撐不下去的時候我就打電話給遠在澳洲的媽媽。

媽媽只有勸導我的份，以她的智慧知道我沒有辦法再回臺灣再回演藝圈，因為當我結婚的消息發布後，我就是黃太太了，就再也不是那個高高在上的大明星了，無論如何我必須忍耐學習，當一個稱職的黃太太！

新婚適應期真的是人生大考驗，文化不同、語言隔閡，加上雙安的忙碌。有好幾次我提著皮箱就飛往澳洲投靠媽媽，夫妻倆形同分居。新婚前兩年我們就這樣一直設法磨合著。

我和雙安爭執的另一個主因是孩子的問題，婚前他跟我說他單身，喜愛孩子的我，婚後始終沒有好消息，我不斷找雙安討論孩子的事情，後來他才跟我說：「我早就已經結紮了。」我宛如晴天霹靂，這怎麼可能？

雙安跟我說結紮的原因是過往他在森林裡開墾創事業，白手起家非常艱苦，閒暇之餘難免跟一些女人來來往往，雖然沒結婚但她們所生的孩子，他都負起責任養育，但後來他為了避免麻煩就動了結紮手術。他希望我能體諒他的過去，也希望我們能往遠看：「我們這樣不是有更多時間互相陪伴彼此？」

但是喜愛孩子的我仍不放棄，於是媽媽提議我領養小孩，雙安始終興趣不濃，還不斷給我洗腦，他覺得沒有這個必要：「過二人世界不是很好嗎？」

一九八八年五月十八日是婚後第一次受邀回臺灣，參加李登輝總統就職慶典。有一天和幾個女朋友一起聊天，他們說有一個算命的很靈，神通廣大得可怕，什麼都能算出來。我是基督徒不相信算命的，但是經朋友們說去試試看，我想也好，抱著好玩的心態，去問問孩子的事情吧。

算命當天我怕被認出來，還請朋友用她的名字先掛號，當天我帶了帽子太陽眼鏡，一進去還用假音說話，沒想到算命師開口就說：「白小姐，我算過了，我知道妳一定會來看我的……」哎呀！真的這麼會算啊！於是他問我幾年幾月幾點鐘出生的，我都不清楚，於是他就開始推算，推算出我可能會和一位命裡帶刀的男仕在一起（雙安在森林裡開採木材、橡膠），還有他說：「妳是菩薩體、眾生女。這輩子應該屬於公眾所有，不會有自己的孩子。」

我就故意對他說：「我已經懷孕了！」他竟然大潑我冷水：「如果妳懷孕，有喜損胎，懷孕了也留不住，因為妳命中沒有小孩，領養也不必想，會破壞妳的婚姻。妳是屬於大眾的，大眾都是妳的兒女。妳喜歡的是精神方面的事務。」真是不可思議，他怎麼知道黃雙安結紮了不能生育？這個天大的祕密沒有任何人知道啊！

一九八〇年是我婚後第二次回臺灣，受邀擔任金鐘獎頒獎人，那時想再去找這位算命先生，不過他已經不在人間了。

而直到多年後我才認命，相信不論是親人、子女、朋友，若是沒有緣份，一切強求不來。

雖然最終我們沒有生孩子，但跟他的孩子也算有緣份，所以我將他的子女視如己出，他們也對我非常好，他們慢慢的也接受了我，雖然不住在一起，但我們的關係十分融洽。

為了孩子的事情我有一段時間不諒解雙安，他後來也告訴我：「如果當初我知道妳是這麼的有名，我也不會跟妳結婚的。」

在我堅持下，屬於我們真正的家，在婚後第二年終於建構完成，包括找房子，自己畫圖，一改再改，一草一木，重新打造，都是我的心血結晶，雙安看我做事實在要求太仔細，常跟我說：「可以了，不要這樣子，一切都是身外之物、我們所擁有的都是向上天借來的。看開一點！」

我漸漸適應雅加達的生活，新居落成，飯店生活結束，而我們也開始迎接真正的家庭生活。

人一安定下來，心性想法會有明顯的轉變，雙安的事業王國從此更是蒸蒸日上，林、漁、礦業等一再擴大，管理八萬名員工的他，經常必須搭著私人飛機深入偏遠小島到處探勘，事必躬親，有好幾次我們都碰到十分緊急的狀況，暴動、劫殺等，但感謝主，總都能逢凶化吉。

隨著他愈來愈忙，我們愈加聚少離多，但是只要他一踏進家門，不論我正在逛街或是打球，或是和朋友一起聚餐，我吩咐傭人一定要馬上通知我，當下我一定立刻停下一切飛奔回去。

常常回到家裡他已經在休息了，我還是會陪著他守著他，寸步不離，我要讓他感受到家的溫暖和妻子對他深深的愛。

多年來，無論接待王室貴族或是參加重要慶典，雙安都希望我能與他一起參加，擔任他最適切的左右手、建立最好的外交關係。

任誰也想不到，當初結婚第二天就幼稚得嚷嚷想要離婚的我，四十一年來竟然可以建構一個牢不可破的家。我們還有一個位於雅加達山上的別墅，佔地一公頃、有兩個PAR三球洞的高爾夫球場，每逢過年宴客，Open House時賓客不斷，熱鬧非凡。

進入六十歲之後，長期過度勞累的他身體開始出現一些病痛，但陪在他身旁的始終是我。雙安曾經因為腸癌開刀，手術後我整整守著他十四天沒有離開病房半步，我睏了就在他床邊綁一個鈴鐺，要他如果有事隨時搖鈴叫醒我。後來手術非常成功，他又回復了生龍活虎，我很自豪是我用愛把他救回來的。

時間見證真情。很多人常跟他說：「黃太太好漂亮！」他的回答是：「她的心更漂亮！」多年來臺灣一直傳言我是雙安的第四個太太，但我從不辯白，事實勝於雄辯，我是這個家唯一的女主人，始終都是，無需解釋。

不受距離、時間、謠言影響，我永遠都在家等著他，雙安晚年我們到處旅行，總覺得時間不夠用，手牽手走過無數個晨昏，才知道我們對彼此有多麼的重要。

我常調侃自己是王昭君，離鄉背井出塞邊關，但我這個現代王昭君，最後改寫自己的命運，四十一年磨出一段真情摯愛。剛結婚的時候和雙安吵架，我常說：「嫁給你是我這輩子最衝動的事。」到後來是他常跟我說：「我這輩子最幸福的事，就是娶到妳。」

二〇一八年十月二日雙安病逝於美國；在我懷裡闔眼熟睡了。

今後，即使沒有他的陪伴，但是他的愛依然與我同在，一直會陪著我到永遠永遠……。

RTHDAY
AN URAY
HA
Happy Birth
PUSAT BAHASA
UNIVERSITAS AL-AZHAR

一九九四年前總統李登輝夫婦出訪印尼峇里島，我與雙安特地飛往峇里島參與晚宴。

迎接生命新篇章

МАЙКО БОЖИЯ,
МОЛИ СЕ ЗА НАС

二〇一八年的九月底，我跟雙安按照往例，去美國做身體檢查。他自小家境艱困，白手創出龐大事業王國後，不僅企業的永續需要操心，眾多員工的家庭與生計也要一肩扛起，每天日以繼夜工作，健康非常重要，所以每年我們都會去美國（Mayo Clinic）梅爾醫院，做健康檢查。

但是，沒有料到的是，原本一待雙安做完檢查我們就要回印尼的，他竟然在十月二日凌晨，因為急性肺炎，在睡夢中安詳離開人世。我當時就在他身旁，看著心電圖螢幕上的跳動逐漸微弱，慢慢變成一條直線，忍不住失聲痛哭！這太意外了！怎麼會是這樣！就這樣沒有任何徵兆，沒有留下一句話，甚至沒有跟我說再見，再看我一眼就走了？我簡直不敢相信這是事實，然而這是真的！也是隨著年齡增長，我心中一直隱約害怕的。

驟然失去相知相伴四十一載的伴侶，我就像一下子被掏空，不知下一步該怎麼走？隔天我們包機將雙安遺體送回馬來西亞，安葬在他父母身邊。之後的日子，恍恍惚惚又充滿了恐懼，獨自一人的時候，會不停地流眼淚。一天，我忽然想到，在六月時曾有教會朋友約我一起參加香港「基督教藝人之家」的以色列之旅，當時我拒絕，現在卻好想做點什麼來填補心靈的空缺。

我想到解牧師，在香港「藝人之家」幫助很多藝人朋友解決生活、婚姻或情緒上的各種問題。除了聯繫解牧師，我也打電話給藝人之家的創辦人鄭明明，她說雖然已經額滿，但解牧師特別轉述了我的情況給她，因此願意破例增加我一人。我想起聖經裡的話：「在耶和華的山上必有預備。」神知道我們的景況，祂的預備超出我們的所求所想。

十月二十八日我們從香港出發，九天的行程包括特拉維夫、海法、提比利亞、約旦河、死海、伯利恆、聖殿山、哭牆、橄欖山、耶路撒冷等等，這團共有五十位查經班的姐妹，及兩、三位她們的先生。九天行程，都是乘坐大巴士在景點之間移動，沿途我們會唱詩歌、讀聖經，每到一個地方，解牧師也會講述聖經的故事。解牧師是個慈祥溫和的人，他明白我的心情低落，總會叫我盡量坐在他身旁，就近照顧，同行朋友也是一路噓寒問暖，關懷有加，盡量不讓我覺得孤單。

但是，夜深人靜，只要想到雙安，我的心情就止不住悲傷。解牧師一路都陪著我聊天、陪著我禱告，用神的話語鼓勵我。他說神應許「我的恩典夠你用」、「日子如何力量也如何」，勉勵我度過心靈的低谷。他說：「妳曾經在演藝圈辛苦工作十年，結婚後在印尼展開了另一段全新生活，現在他走了，妳要堅強、要思考、計劃妳未來人生的道路要怎麼重新開始、進入生命的新篇章。」他同時也建議我，回到臺灣重新出發，因為臺灣有那麼多愛護我的朋友及觀眾，也是我成長的地方。他說：「這裡是最適合調整妳的腳步的地方，妳要常常回去！」

雖然跟牧師談話會讓我心境平和，但那時我並沒有真正做回臺灣的考慮，因為以前每次回臺灣，當飛機快落地時，都會有近鄉情怯的矛盾與不安。我耳朵聽著他的建議，卻不認為這會成真。

自從結婚後，我都是跟雙安一起旅行，這次的單飛，是喪偶後逃避哀痛的旅程，沒有想到，這竟是上帝巧妙的安排，是祂的預備，是我生命療癒之旅的開始。

從以色列回來之後，十二月我飛到澳洲，跟妹妹、弟弟全家一起過聖誕節，家人團聚異常溫馨，人多的熱鬧，填補了我內心的空虛。之後，我又逃避似的飛去了美國，跟幾位好朋友碰面，他們費心安排各種活動，讓我保持忙碌，免於胡思亂想。接下來我的一位好友Zahra，又約我去土耳其及黎巴嫩，慶祝她土耳其好友的六十歲生日，於是我又飛到了西亞及中東，然而，心靈的傷痛仍然在萬籟俱寂時來侵擾我。

旅行讓我馬不停蹄，這實在也是個轉移心情的方法，只是，那治療的，不是根本，而是表象。但是對溺在苦海中的我來說，能有一點表面的轉移，也是好的！

我想又是神的安排！這段時間，我忽然接到臺中市政府來電，盧秀燕市長邀約我為臺中花博做代言，當時我已有既定的行程、排不出時間，就婉拒了邀約。但是後來市政府又再度來電，展現極高誠意，我非常感動也衷心感謝。儘管我還不知道該如何安排我的行程，我回覆，一定盡量安排時間。

訂了歸期之後，我在新加坡認識的球友，也是我的好朋友Lisa柯約我：「Betty，妳三月回來臺灣，我在高雄幫妳過生日好吧！」因此二〇一九年的二月二十六日，我比預定時間早三天抵達臺中參加花博，並帶了一幅畫送給盧秀燕市長，也去造訪了老人院，本以為是去慰問孤寡老人的，沒想到他們帶給我更多溫馨。盧市長知道我喜歡畫畫，她建議我：「妳的第一次畫展，讓我來幫妳舉辦吧！」開畫展？我為什麼從來沒有想過？

三天之後，我去到高雄過生日，原以為只是三、五好友的小聚會，沒想到Lisa為了給我驚喜，竟舉辦了一個有八十多位貴賓的盛大宴會，真的讓我非常驚喜感動！三月四日後我在臺北短暫停留，三月八日馬上就飛去了南非，參加世界臺灣商會聯合總會邀請的第二十五屆大會。商會團聚原是我和雙安平日生活中經常參加的，可是這次是我獨自赴會，而又是與海外的臺商見面，自然感覺不同。看到那麼多臺商精英在海外打拚仍不忘彼此照顧，又對造福當地社會不遺餘力，讓人敬佩。

跟雙安結婚後，幾乎沒有獨自生活過，但是現在，自己的處境逼迫我必須要開始過自己的生活了。很慶幸的是，在需要散心時，朋友都熱誠地陪著我，例如，去黎巴嫩幫朋友的好友慶祝生日時，雖然人地生疏，一起出遊的貴婦一位都不認識，但她們都對我很友善，旅遊也讓我心境開朗許多，不知不覺的生命展開了新篇章。

旅行當然不能成為永遠的重心，我刻意讓時間充實而忙碌，在澳洲過聖誕節時，空檔時間又開始畫畫；跟土耳其的女朋友組了團到黎巴嫩過生日，也找時間在當地看畫展、逛博物館。我喜歡藝術，很願意將時間花在這上面，而專心於畫畫，也能調劑我的心態，讓心情沉澱。

過去我的畫，從捨不得賣，因為雙安是我最忠實收藏者。過去我曾經捐出兩幅畫義賣，作公益、幫助需要的人。現在，在臺中市長的提議和朋友的鼓勵下，我願意將三十多年來的畫作，拿出來跟愛護我的觀眾分享，舉辦我的第一次畫展。

臺灣是我成長、工作的地方，熱情的鄉親一直溫暖著我的心，我感謝上天，讓我活在愛的包圍裡、讓我沒有空閒去想悲傷的事，即使和雙安相處的每一幕都深深烙印在我的心頭，也支持著我必須勇敢前進，我一直努力學習、也從天父那裡尋求力量，祂說：「尋找就尋見，叩門就給他開門。」我想，這每一步都是上帝的安排。我懷著感恩的心，珍惜每一份緣份、報答大家對我的呵護。

未來我打算留在臺灣生活，雖然我不會回到演藝圈，但只要在同一塊土地上，我就能感受到回家的溫暖。

與妹妹全家在澳洲一起過聖誕節。

張兆輝 攝

商會團聚原計劃我和雙安一起參加，可是這次南非之行是我獨自赴會。

我參加香港「基督教藝人之家」的以色列之旅，想做點什麼來填補心靈的空缺。

飛去南非，參加世界臺灣商會聯合總會邀請的第二十五屆大會。

「香港藝人之家」九天的行程包括海法、提比利亞、貝爾謝巴、特拉維夫、死海、耶路撒冷等等。

雙安離開我之後，與好友到土耳其旅遊，讓我心境開朗許多，不知不覺地展開生命新篇章。

照片提供 Julia

白嘉莉 走出喪夫痛首返國

「最愛台灣」籌開畫展

■白嘉莉昨返台，看來精神不錯。
鄭孟晃攝

【蔡維歆／台北報導】長年旅居印尼的「最美麗的主持人」白嘉莉昨傍晚返台，她受邀代言台中，一身橘紅色系洋裝現身的她神采奕奕。去年10月她歷經喪夫之痛，她的夫婿、印尼「木材大王」黃雙安病逝，昨透露亡夫曾入夢。為了轉移悲傷，接下來她打算出書、開畫展，「我要讓自己變得很忙碌，書已經在籌備了」。

白嘉莉2015年返台參加國慶典禮，昨她睽違近4年再度踏上家鄉土地，一走出機場看到大批記者圍繞，十分激動，她興奮直呼：「終於回來了，大家都好嗎？」

她感性表示：「今天回到自己的家鄉，有千言萬語不知從何説起，我深深感受到大家對我的喜愛，因為台灣永遠是我最愛的地方。」向大家微笑揮手致意，展現親和力。

打算出書

去年老公病逝嚴重打擊白嘉莉，昨她眼中泛淚：「這一年來發生了很多事情，非常感謝我的朋友家人支撐、陪伴我走了過來。」但她堅強面對，之後會復出寫書以及開畫展。

白嘉莉今和台中市長盧秀燕碰面時將討論畫展地點，「台中是文化城市，又是我從小念書長大的地方，有機會的話想跟台中朋友們一起分享」。

黃雙安

今早9點半她將赴台中市政府，下午2點半再拜訪台中方舟長青學堂，明天下午1點則會參觀台中花博，預計在台灣停留3天。

願這本書，帶我們一起找到生命中小痲雀的精神。

我是白嘉莉，我回來了。

POPULAR POO0035

白嘉莉 回眸

作　者—白嘉莉
特約文字—劉茜怡
資深主編—謝鑫佑
校　對—白嘉莉 劉茜怡 謝鑫佑
特約行銷—郭珮妮
封面攝影—蔡榮豐 青樺視覺攝影公司
美術設計—蔡南昇 金彥良

編輯總監—蘇清霖
董事長—趙政岷
出版者—時報文化出版企業股份有限公司
一〇八〇一九臺北市和平西路三段二四〇號四樓
發行專線—（〇二）二三〇六—六八四二
讀者服務專線—〇八〇〇—二三一—七〇五
（〇二）二三〇四—七一〇三
讀者服務傳真—（〇二）二三〇四—六八五八
郵撥—一九三四四七二四時報文化出版公司
信箱—一〇八九九臺北華江橋郵局第九九號信箱

時報悅讀網—http://www.readingtimes.com.tw
法律顧問—理律法律事務所 陳長文律師、李念祖律師
印　刷—華展印刷有限公司
初版一刷—二〇二〇年一月十七日
初版五刷—二〇二三年九月十四日
定　價—新臺幣五五〇元
（缺頁或破損的書，請寄回更換）

時報文化出版公司成立於一九七五年，
一九九九年股票上櫃公開發行，二〇〇八年脫離中時集團非屬旺中，
以「尊重智慧與創意的文化事業」為信念。

白嘉莉 回眸 / 白嘉莉著. -- 初版. -- 臺北市：時報文化, 2020.01
336面；17X22公分
ISBN 978-957-13-5837-6(平裝)

1.白嘉莉 2.臺灣傳記

783.3886　　108021779

ISBN 978-957-13-5837-6
Printed in Taiwan